知って　びっくり!

漢字はじまり物語

監修　白梅学園大学学長　汐見稔幸

もくじ

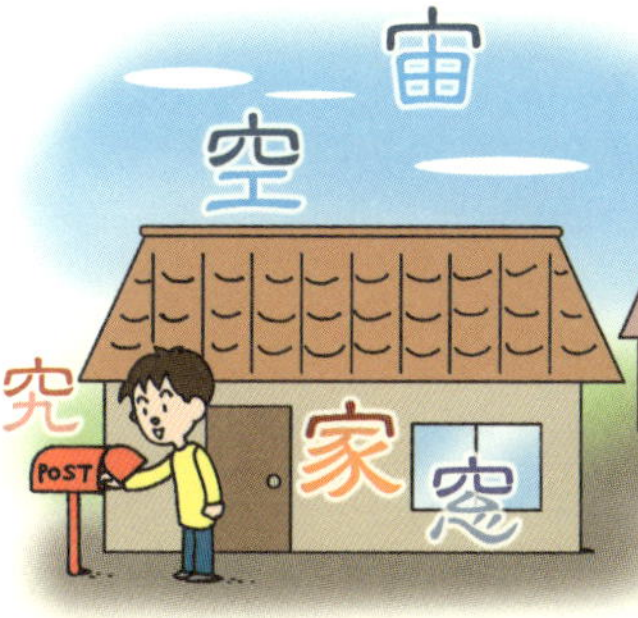
宙
空
宿
究
家
窓
POST

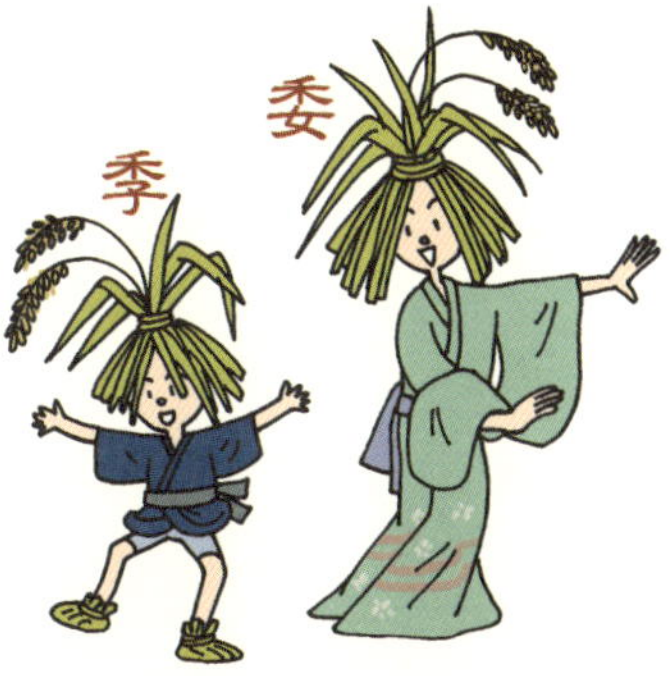
委
季

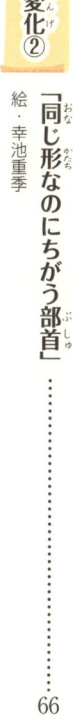

おうちの方へ

「漢字の成り立ち」には、ちがった説がいくつかあります。この本では、その中でもっとも有力な説と思われるものや、お子さまに適切だと思われるものを取り上げています。これ以外にもさまざまな説があるということをご了承ください。

また、本文中の会話、本文に使われている絵の中の衣装、背景など、記録が正確に残っていないものについては、当時のようすやイメージを示すため、お子さまが興味をもって読めるように、独自にかきおこしている部分もあります。

＊部首《ぶしゅ》とのかかわりを知《し》りたい漢字《かんじ》

＊部首《ぶしゅ》…漢字《かんじ》の字典《じてん》などで漢字《かんじ》をさがすときに、その目《め》じるしとなる部分《ぶぶん》。「へん」「つくり」「かんむり」「かまえ」「にょう」「たれ」などがある。

いなずまと深《ふか》い関《かん》係《けい》がある？
～電《でん》～

ピカッ！　ゴロゴロゴロゴロゴロ……。

昼《ひる》なのに、空《そら》は真《ま》っ暗《くら》。かと思《おも》うと、とつぜん電《でん》気《き》をつけたように、あたりがいっしゅん明《あか》るくなり、空《そら》がギザギザにひきさかれてしまいました。

これは、いなずまが光《ひか》ったときのようすです。とてもふしぎで、ちょっとこわい自《し》然《ぜん》現《げん》象《しょう》ですよね。科《か》学《がく》が発《はっ》達《たつ》している今《いま》見《み》てもそ

う思《おも》うくらいですから、昔《むかし》の人《ひと》びとにとってはどれほどおそろしかったことでしょう。

いなずまが電気《でんき》であるということは、科学的《かがくてき》にわかっています。いなずまが起《お》こったとき、空《そら》が明《あか》るく光《ひか》るのは、空中《くうちゅう》で電気《でんき》が起《お》こっているためです。じつは、「電気《でんき》」という漢字《かんじ》も、このいなずまと関係《かんけい》があるのです。

いなずまが空《そら》をギザギザに走《はし》る形《かたち》を表《あらわ》した漢字《かんじ》があります。それは「申（しん）」です。この字《じ》は、いなずまがあまりにふしぎでおそろしいことから、「神《かみ》さま」という意味《いみ》ももっていました。「申《しん》」は、形《かたち》をちょっと変《か》えて「電《でん》」の中《なか》にかくれています。「電気《でんき》」の「電《でん》」は、じつは「雨（あめかんむり）」と、いなずまを表《あらわ》す「申《しん》」を合《あ》わせてできた字《じ》なのです。

「雨（あめかんむり）」は、雨《あめ》に関係《かんけい》のある天気《てんき》のようすを表《あらわ》す字《じ》についていますが、「電《でん》」にどうして「雨（あめかんむり）」がついているのか、これでわかりましたね。

「電《でん》」と同《おな》じように、部首《ぶしゅ》である「雨（あめかんむり）」をもつ「雲《くも》」にも、変《か》わったものがかくれています。「雲《くも》」は「雨《あめ》（あめかんむり）」と「云《うん》（うん）」からできている漢字《かんじ》ですが、この「云《うん》」の上《うえ》の「二（に）」の部分《ぶぶん》が、雲《くも》が流《なが》れていくさまを表《あらわ》し、下《した》の「ム（む）」は、雲《くも》から竜《りゅう》（龍《りゅう》）のしっぽがはみ出《だ》しているようすを表《あらわ》しているという説《せつ》があるのです。竜《りゅう》は、水《みず》をあやつる力《ちから》をもつといわれた伝説《でんせつ》の生《い》き物《もの》です。昔《むかし》の人《ひと》びとは、空《そら》にまつわるたくさんのふしぎを、神《かみ》さまや竜《りゅう》のしわざだと考《かんが》えていたんですね。

たけかんむりとどんな関係《かんけい》があるの？

～笑《しょう》～

部首《ぶしゅ》の「竹（たけかんむり）」の下《した》に「夭（よう）」と書《か》くと、「笑（しょう・わらう）」という字《じ》になります。「竹（たけかんむり）」がつく字《じ》は、竹《たけ》に関係《かんけい》のある意味《いみ》をもつことが多《おお》いのですが、「笑《しょう》」はどうでしょう。

もともと「わらう」という意味《いみ》をもつ字《じ》は、ほかにあったという説《せつ》があります。それは、「咲（さく）」という字《じ》です。笑《わら》うときは

「口《くち》」を開《あ》けることが多《おお》いですよね。それで、「口（くち・くちへん）」がついているのです。「咲《さ（く）》」は、今《いま》では「花《はな》が開《ひら》く」という意味《み》で使《つか》われるようになりましたが、それは、花《はな》のつぼみが開《ひら》くことを「花《はな》がわらう」と言《い》い表《あらわ》したところからきています。たしかに、つぼみがふわっと開《ひら》くようすは、笑《わら》っているようにも思《おも》えますね。

ほかにもこんな説《せつ》があります。「咲《さ（く）》」という字《じ》の「口《くち》」以外《いがい》の部《ぶ》分《ぶん》は、もともと「芺」と書《か》かれていました。今《いま》の「笑《しょう》」という字《じ》とよく似《に》ていますね。どうやら、この「艹（くさかんむり）」が変化《へんか》して、今《いま》の「竹（たけかんむり）」の形《かたち》になったという説《せつ》です。

この「笑《しょう》」について、ほかにもいろいろな話《はなし》があります。神《かみ》さまにつかえた若《わか》いみこが、神《かみ》さまを楽《たの》しませようとして、笑《わら》いながらおどったすがたから、この字《じ》ができたという説《せつ》です。この説《せつ》によると「竹（たけかんむり）」の部分《ぶぶん》は、しなやかにおどるみこの長《なが》いかみの毛《け》や、ふりかざした両手《りょうて》を表《あらわ》したとされています。

また、「笑《しょう》」はもともと「細《ほそ》い竹《たけ》」のことを表《あらわ》していて、それに「口（くちへん）」をつけて「咲」と書《か》き、口《くち》を細《ほそ》めて「ほほほ」と笑《わら》うことを表《あらわ》していたという説《せつ》もあります。そこから、今《いま》のように「口《くち》」がとれた「笑《しょう》」で、「わらう」という意味《いみ》になったというのです。

いずれにしても、この「笑《しょう》」という字《じ》、見《み》ているだけでなんとなく楽《たの》しい気持《きも》ちになるのは、もともと楽《たの》しそうなようすを表《あらわ》した字《じ》だからなのですね。

あなたの いちばん 大切《たいせつ》なものは？
～命《いのち》～

「だれもがもっていて、いちばん大切《たいせつ》なもの」といえば、何《なに》を思《おも》いうかべますか。

答《こた》えは「命《いのち》」です。自分《じぶん》の命《いのち》はもちろん、人《ひと》の命《いのち》も、ほかの生《い》き物《もの》の命《いのち》も、大切《たいせつ》にしなくてはなり

ませんʼ。ところが最近《さいきん》は、この当《あ》たり前《まえ》のことができなくなっている人《ひと》もいるようです。

じつは、この「命（いのち・めい）」という字《じ》は、はじめから「いのち」という意味《いみ》を表《あらわ》すものではありませんでした。部首《ぶしゅ》の「口（くちへん）」と、「言《い》いつける」という意味《いみ》をもつ「令《れい》」からできた字《じ》で、「口《くち》で命令《めいれい》する」という意味《いみ》を表《あらわ》していたのです。

それでは、どうして「いのち」という意味《いみ》をもつようになったのでしょうか。

「命《いのち》」は、もともとは、王《おう》さまが人《ひと》びとを集《あつ》めて命令《めいれい》することを表《あらわ》したものだとする説《せつ》があります。王《おう》さまは、自分《じぶん》の言《い》いつけはもちろん、神《かみ》さまの考《かんが》えである「おぼしめし」をもとに、人《ひと》びとにさまざまなことを命令《めいれい》しました。それを「命《めい》じる」と言《い》っていたのですが、そのうち、神《かみ》さまのおぼしめしである「命《めい》」によって、自分《じぶん》たちは生《う》まれてきたのだから、生《い》きること、すなわち「いのち」を大切《たいせつ》にしなくてはならないと考《かんが》えるようになりました。そこから、「命《めい》」が「いのち」という意味《いみ》をもつようになったと言《い》われています。

「命《いのち》あっての物種《ものだね》」という、ことわざがあります。「何《なに》ごとも、命《いのち》があってこそできるのだから、いちばん大《たい》切《せつ》なのは命《いのち》だ」という意味《いみ》です。たった一《ひと》つしかない「命《いのち》」です。大切《たいせつ》にしていきましょう。

耳《みみ》という字《じ》がついているのはなぜ？
～取《しゅ》～

大事《だいじ》なことをわすれないようにメモに取《と》っていたら、お母《かあ》さんに「ちょっとそこのコップ取《と》って」と言《い》われました。メモを取《と》るとき、コップを取《と》るとき、あなたが使《つか》うのは体《からだ》のどの部分《ぶぶん》ですか。

メモを取《と》るのも、コップを取《と》るのも、「手《て》」でする動作《どうさ》ですね。ところが、この「取《しゅ》」には、「手（て）」ではなく「耳（みみ）」という字《じ》がついています。昔《むかし》の人《ひと》は、ものを取《と》るとき、耳《みみ》を使《つか》っていたのでしょうか。まさかそんなことはないでしょうが、ちょっとふしぎじゃありませんか。

「取《しゅ》」には、ちゃんと「手《て》」という意味《いみ》をもつ部分《ぶぶん》もあります。「取《しゅ》」の部首《ぶしゅ》は、「耳（みみへん）」ではなく、「又（また）」です。「又《また》」には、「右手《みぎて》」という意味《いみ》があり、「又《また》」を部首《ぶしゅ》にして、手《て》の動作《どうさ》を表《あらわ》す字《じ》ができているのです。つまり「取《しゅ》」は、「耳《みみ》」と「手《て》」でできた字《じ》なのですね。でも、どうして「耳《みみ》」と「手《て》」で「とる」を表《あらわ》すのでしょうか。

昔《むかし》、戦《たたか》いが終《お》わったあと、勝《か》った人《ひと》が負《ま》けた人《ひと》の耳《みみ》を手《て》でつかんでひっぱることがありました。耳《みみ》を右手《みぎて》でつかむというところから、「取《しゅ》」が「とる」という意味《いみ》を表《あらわ》すようになったのです。

ほかにも、動物《どうぶつ》をつかまえるとき、手《て》で耳《みみ》をつかんでいたことからきているという説《せつ》があります。どちらにしても、「取《しゅ》」という字《じ》は、耳《みみ》を手《て》でつかむというところからできたことがわかりますね。だから、「取《しゅ》」には「耳《みみ》」がついているのです。

さて、ここで出《で》てきた「又《また》」は、みなさんがよく知《し》っている「友《とも》」という字《じ》にもついています。「友《とも》」は、「ナ」と「又《また》」からできていますが、この二《ふた》つは、どちらも「右手《みぎて》（ヨ）」を表《あらわ》します。手《て》と手《て》をとって助《たす》け合《あ》うというところから、「友《とも》」という意味《いみ》をもつようになったのです。おたがいがこまったときに助《たす》け合《あ》える人《ひと》こそが、本当《ほんとう》の「友《とも》」なのですね。

汽車《きしゃ》は何《なん》の力《ちから》で走《はし》っていたの？

～汽《き》～

線路《せんろ》の上《うえ》を走《はし》る列車《れっしゃ》は、昔《むかし》は「汽《き》車《しゃ》」とよばれていました。

「汽車《きしゃ》」の「汽《き》」という字《じ》は、部首《ぶしゅ》の「氵（さんずい）」と「气（き）」からできています。「氵（さんずい）」は、「池《いけ》」や「海《うみ》」「波《なみ》」のように、

水《みず》に関係《かんけい》する字《じ》につく部首《ぶしゅ》です。どうして、陸《りく》を走《はし》る「汽車《きしゃ》」に、「さんずい」の字《じ》が使《つか》われているのでしょうか。「汽《き》」の右側《みぎがわ》の「气《き》」の部分《ぶぶん》は、人《ひと》が「はあーっ」と息《いき》をはいたときのようすを表《あらわ》しています。そこから、息《いき》や空気《くうき》という意味《いみ》をもつようになりました。それに、水《みず》を表《あらわ》す「氵（さんずい）」をつけた「汽《き》」は、「水蒸気《すいじょうき》」という意味《いみ》です。水蒸気《すいじょうき》とは、やかんのお湯《ゆ》がわいたときに出《で》てくる、あの白《しろ》い湯気《ゆげ》のことです。

汽車《きしゃ》は、石炭《せきたん》をもやしたときに出《で》てくる水蒸気《すいじょうき》の力《ちから》で走《はし》っていました。水蒸気《すいじょうき》は、冷《さ》めると水《みず》になります。つまり、汽車《きしゃ》の「汽《き》」も、やっぱり水《みず》に関係《かんけい》がある字《じ》だったのです。

今《いま》は、新幹線《しんかんせん》をはじめ、ほとんどの列車《れっしゃ》が電気《でんき》の力《ちから》で走《はし》るようになりました。だから、汽車《きしゃ》ではなく電車《でんしゃ》というのですね。

「气（きがまえ）」という部首《ぶしゅ》は、空気《くうき》や気持《きも》ちを表《あらわ》す「気《き》」という字《じ》にも使《つか》われていますね。この「気《き》」はもともと「氣《き》」と書《か》かれていて、お米《こめ》がたけるときに出《で》る湯気《ゆげ》を表《あらわ》していました。今《いま》は、かんたんにして「米《こめ》」を「メ」と書《か》くようになりましたが、「汽《き》」も「気《き》」も水蒸気《すいじょうき》という、同《おな》じ意味《いみ》をもつ漢字《かんじ》なのです。

昔《むかし》の人《ひと》も苦《にが》い味《あじ》は苦手《にがて》?
～苦《く》～

みなさんは、おなかがいたいときや、かぜをひいたとき、薬《くすり》を飲《の》んだことがあると思《おも》います。今《いま》は飲《の》みやすいように、味《あじ》がしない薬《くすり》や、あまい味《あじ》がする薬《くすり》もありますが、昔《むかし》は薬草《やくそう》からつくったとてもにがい薬《くすり》がほとんどでした。それでも、病気《びょうき》を治《なお》すためならと思《おも》って、みんながまんして飲《の》んでいたのです

ね。さぞかし、つらかったことでしょう。

「苦《く》」は、「にがい」や「くるしい」という意味《いみ》をもつ字《じ》です。部《ぶ》首《しゅ》である「艹（くさかんむり）」は、「草《くさ》」を表《あらわ》しています。「古（こ）」の部分《ぶぶん》は、「かたい」や「かわいた」という意味《いみ》を表《あらわ》しています。両方《りょうほう》合《あ》わせた「かたい草《くさ》」というところから、口《くち》がかたまるくらい「にがい」という意味《いみ》を表《あらわ》したのです。

苦《にが》くておいしくない草《くさ》を食《た》べるの

は、苦《くる》しいことですよね。そこから「くるしい」という意味《いみ》ももつようになりました。

「古《こ》」の部分《ぶぶん》には、こんな説《せつ》があります。この字《じ》が、かたくてひからびた頭《ず》がいこつをぶらさげたようすを表《あらわ》しているというのです。ひからびた頭《ず》がいこつとは、死《し》んだ人《ひと》の頭《あたま》のほねのことです。ずいぶん前《まえ》になくなった人《ひと》のほねですから、ひからびてカチンコチンになっています。そこから、「ふるくてかたい」という意味《いみ》をもつようになったと言《い》われています。

昔《むかし》の人《ひと》も、わたしたちと同《おな》じように、苦《にが》い食《た》べ物《もの》は苦手《にがて》だったのかと思《おも》うと、話《はなし》が合《あ》いそうな気《き》がしてきますね。

動物《どうぶつ》と虫《むし》でひとりぼっち？
～独《どく》～

「ひとり」という意味《いみ》をもつ「独《どく》」の部首《ぶしゅ》は「犭（けものへん）」です。「けもの」というだけあって、ある動物《どうぶつ》を表《あらわ》しているのですが、何《なん》だかわかりますか。

正解《せいかい》は、犬《いぬ》です。犬《いぬ》という字《じ》が

「へん」になるときは、「犭（けものへん）」の形《かたち》に変化《へんか》するのです。

では、あらためて「独《どく》」という字《じ》を見《み》てみましょう。「犬（いぬ）」と「虫（むし）」からできた字《じ》が、「ひとり」という意味《いみ》をもつなんて、ふしぎだと思《おも》いませんか。

この字《じ》にある「虫《むし》」は、もともとは「蜀（しょく）」と書《か》かれていました。「蜀《しょく》」は、葉《は》などにつく、いもむしという意味《いみ》をもっています。葉《は》にじっとくっついてはなれないところから、「ひとり」という意味《いみ》を表《あらわ》すようになったのです。

「犬《いぬ》」はどうでしょう。昔《むかし》から、人《ひと》びとともに生活《せいかつ》してきた犬《いぬ》ですが、「番犬《ばんけん》」ということばからもわかるように、門《もん》の前《まえ》などにじっとして、家《いえ》の安全《あんぜん》を守《まも》ってくれることもありました。

このように、いもむしや犬《いぬ》の、一ぴきでじっとしているすがたから、「ひとり」という意味《いみ》を表《あらわ》すようになったのです。

さて、「ひとり」は「一人《ひとり》」と書《か》くことが多《おお》いですが、「独《ひと》り」とも書《か》きます。この二《ふた》つの意味《いみ》は、どうちがうのでしょうか。

「一人《ひとり》」は「一名《めい》」と同《おな》じように、人数《にんずう》を数《かぞ》えるときに使《つか》います。それに対《たい》して「独《ひと》り」は、「孤独《こどく》」のように、自分《じぶん》だけであること、ひとりぼっちであることを言《い》いたいときに使《つか》います。ただ、最近《さいきん》では、どちらの字《じ》を使《つか》ってもよいことにしたり、ひらがなで書《か》いたりするようになってきています。

頭《あたま》と川《かわ》からできた文字《もじ》の意味《いみ》は？

～順《じゅん》～

「順《じゅん》」という字《じ》は、「川（かわ）」と、部首《ぶしゅ》に当《あ》たる「頁（おおがい）」からできています。「頁（おおがい）」は、人《ひと》の頭《あたま》や顔《かお》を表《あらわ》しています。それでは、どうしてこの字《じ》が「したがう」という意味《いみ》をもつのでしょうか。

「順《じゅん》」は、川《かわ》の流《なが》れにさからわずに頭《あたま》を向《む》けるようすを表《あらわ》していま
す。川《かわ》は、いつも決《き》まった方向《ほうこう》に流《なが》れています。自然《しぜん》な川《かわ》の流《なが》れは、
とちゅうで止《と》まったり、急《きゅう》に流《なが》れの向《む》きを変《か》えたりすることはあり
ません。何《なに》ごとも自然《しぜん》な流《なが》れにまかせることを「川《かわ》の流《なが》れに身《み》をま
かせる」のように言《い》い表《あらわ》すことがあります。

そこから、人《ひと》の言《い》うことやものごとの正《ただ》しい道《みち》すじに対《たい》し、すな
おに頭《あたま》を向《む》けてその通《とお》りにすること、つまり「したがう」という意《い》
味《み》を表《あらわ》すようになったのです。また、「じゅんじょにしたがう」と
いうところから、「じゅんばん」という意《い》味《み》でも使《つか》われるようにな
りました。

鳥《とり》なのに鳥《とり》の仲間《なかま》じゃない？

~烏《からす》~

夕《ゆう》やけのころに「カアカア」鳴《な》きながら飛《と》ぶ真《ま》っ黒《くろ》な鳥《とり》、といえば「カラス」のことですね。

カラスは、漢字《かんじ》では「烏《からす》」と書《か》きます。これを「鳥《とり》」という字《じ》とよく見《み》くらべると、「一」（上《うえ》の部分《ぶぶん》の横棒《よこぼう》が一本《ぽん》）が足《た》りないことがわかります。カラスは、体《からだ》も目玉《めだま》も真《ま》っ黒《くろ》で、どこに目《め》があるか

わからないため、「鳥《とり》」から目《め》を表《あらわ》す「一」（横棒《よこぼう》）をぬいてカラスを表《あらわ》した、と言《い》われています。

さて、この「烏《からす》」という字《じ》の部首《ぶしゅ》は、何《なん》だかわかりますか。「鳥《とり》」の部首《ぶしゅ》は、「鳥（とり）」ですが、「烏《からす》」の部首《ぶしゅ》はちがいます。「灬（れっか、れんが）」という部首《ぶしゅ》をもつ、火《ひ》に関係《かんけい》する漢字《かんじ》の仲間《なかま》なのです。鳥《とり》の名前《なまえ》なのに、ふしぎですね。

じつは、日本に伝《つた》わる古《ふる》い神話《しんわ》に、「ヤタガラス」という、三本《さんぼん》足《あし》のカラスが登場《とうじょう》しています。このカラスは、太陽《たいよう》の使《つか》いとしてえがかれていました。そういったところから、火《ひ》に関係《かんけい》する字《じ》としてあつかわれるようになったのかもしれません。

この神話《しんわ》に出《で》てくるヤタガラスが、勝利《しょうり》をもたらすシンボルとして、日本サッカー協会《きょうかい》のマークに使用《しよう》され、代表選手《だいひょうせんしゅ》のユニホームにもついているって、知《し》っていましたか。

しかし、真《ま》っ黒《くろ》なすがたのせいか、カラスは縁起《えんぎ》の悪《わる》いものとして考《かんが》えられることも多《おお》いようです。ちょっと悲《かな》しげにも聞《き》こえるあの鳴《な》き声《ごえ》は、

「昔《むかし》は太陽《たいよう》の使《つか》いといわれていたのに、今《いま》は……。」

なんていう、カラスのぼやきなのかもしれませんね。

空《そら》にかかる七色《なないろ》の虫《むし》って何《なに》？
～虹《にじ》～

最初《さいしょ》に「虹」と書《か》いて、何《なん》と読《よ》むかわかりましたか。部首《ぶしゅ》が「虫（むしへん）」だから虫《むし》の名前《なまえ》かな、と思《おも》った人《ひと》もいるでしょう。ところが、「虹」は、虫《むし》を表《あらわ》す字《じ》ではないのです。

「雨上《あめあ》がりの空《そら》にかかる七色《なないろ》の橋《はし》、とは

何《なん》のことでしょう。」と聞《き》かれれば、ピンとくる人《ひと》も多《おお》いはず。そう、答《こた》えは「にじ（こう）」です。

なぜ「虹《にじ》」を表《あらわ》す字《じ》が「虫（むしへん）」なんだろうと、ふしぎに思《おも》いますよね。それには、こんな理由《りゆう》があるのです。

昔《むかし》の人《ひと》は、虹《にじ》を見《み》たとき、「あれはきっと竜《りゅう》（龍《りゅう》）の仲間《なかま》だ」と思《おも》ったそうです。「電《でん》」のところでも言《い》いましたが、今《いま》のように科《か》学《がく》が発達《はったつ》していなかった時代《じだい》です。ときどき空《そら》に現《あらわ》れ、七色《なないろ》の光《ひかり》を放《はな》つ何《なん》ともふしぎなものを、竜《りゅう》と考《かんが》えたとしても無理《むり》はありません。

竜《りゅう》は、まぼろしの生《い》き物《もの》ですが、大《おお》きなへびの形《かたち》をしたものと考《かんが》えられていました。そこで、「へび」を表《あらわ》す「虫《むし》」と、「つらぬく」という意味《いみ》を表《あらわ》す「工（こう）」で、「虹《にじ》」という意味《いみ》を表《あらわ》すようになったのです。

でも、「虫《むし》」が「へび」を表《あらわ》すなんて、おかしい感《かん》じがしますね。今《いま》は虫《むし》というと、トンボやカブトムシのような、こん虫《ちゅう》をさすことが多《おお》いですが、昔《むかし》はへびも虫《むし》の仲間《なかま》だと考《かんが》えられていました。だから、漢字《かんじ》で書《か》くと「蛇《へび》」という、「虫（むしへん）」の字《じ》になるのですね。

虹《にじ》は、雨上《あめあ》がりなどで空気中《くうきちゅう》に水《みず》のつぶがあるとき、日光《にっこう》がそのつぶに反射《はんしゃ》してできるのです。そのため、太陽《たいよう》の位置《いち》とは反対側《はんたいがわ》の空《そら》でしか見《み》えません。だれかが「あ、虹《にじ》だ！」と言《い》うのが聞《き》こえたら、太陽《たいよう》に背《せ》を向《む》けてさがしてみましょう。

何《なに》もないことを表《あらわ》す漢字《かんじ》って何《なに》？
～零《れい》～

「一、二、三……」のように、数《すう》字《じ》を漢字《かんじ》で書《か》いたものを漢数字《かんすうじ》と言《い》います。では、「0（ゼロ）」という意味《いみ》をもつ漢字《かんじ》を知《し》っていますか。

答《こた》えは、「零《れい》」です。「ゼロ」という読《よ》みはありませんが、「れい」と読《よ》みます。小学校《しょうがっこう》では習《なら》わない漢字《かんじ》なので、はじめて見《み》たという

人《ひと》も多《おお》いことでしょう。

「電《でん》」や「雲《うん》」に部首《ぶしゅ》の「雨（あめかんむり）」がつくのは、空《そら》のようすに関係《かんけい》のある字《じ》だからでしたね。それでは、「０（ゼロ）」という意味《いみ》をもつ「零《れい》」に、「雨（あめかんむり）」がつくのはなぜでしょうか。

じつは、「零《れい》」はもともと、「しずかにふる雨《あめ》」という意味《いみ》を表《あらわ》していました。やがて、雨《あま》つぶが空《そら》から落《お》ちてくるというところから、「おちる」や「こぼれる」という意味《いみ》ももつようになります。それが、どうして「０」という意味《いみ》も表《あらわ》すようになったのでしょうか。

これには、いくつか説《せつ》があります。雨《あめ》のしずくのような、わずかなものをさすことから、何《なに》もない「０」という意味《いみ》を表《あらわ》すようになったという説《せつ》や、「おちる」という意味《いみ》が、「かれてなくなる」という意味《いみ》ももつようになり、そこから「０」という意味《いみ》を表《あらわ》すようになったという説《せつ》などです。

さて、この「零《れい》」という字《じ》を使《つか》ったことばを、しょうかいしておきましょう。「零下《れいか》」は、気温《きおん》が０度《ど》よりも低《ひく》いことを言《い》います。つまり、マイナスのことですね。「零下《れいか》十度《ど》」というのは「マイナス十度《ど》」のことです。では、「零点《れいてん》」は……。テストでは、これをとらないようにがんばりましょう。

漢字《かんじ》七変化《しちへんげ》①

まちがえやすい同音語《どうおんご》

「きりが晴《は》れると、目《め》の前《まえ》に巨大《きょだい》な山《やま》があらわれた。」
というときの「あらわれる」は、「表《あらわ》れる」と「現《あらわ》れる」のどちら
で書《か》くのがふさわしいと思《おも》いますか。
「表《あらわ》れる」というのは、心《こころ》の中《なか》の気持《きも》ちなど、目《め》には見《み》えないもの
が、顔《かお》つきや文章《ぶんしょう》、絵《え》、数字《すうじ》などに出《で》てくることを言《い》います。
「妹《いもうと》の顔《かお》には、うれしくてたまらないという気持《きも》ちが表《あらわ》れていた。」
のように使《つか》うのがふさわしいのです。
それでは、「現《あらわ》れる」はどうでしょう。これは、何《なに》かですがたを
かくしていたものが、目《め》に見《み》えるようになることを言《い》います。

「雪《ゆき》がとけると、ふきのとうのすがたが現《あらわ》れた。」のように使《つか》うのがふさわしいのです。

これをもとに、最初《さいしょ》の文《ぶん》について考《かんが》えていくと、きりが晴《は》れたことによって、巨大《きょだい》な山《やま》のすがたがはっきりと目《め》に見《み》えるようになったのですから、「現《あらわ》れる」のほうがふさわしいことがわかります。

さて、ほかにもまちがえやすいことばに、「のぼる」があります。

「遠足《えんそく》に行《い》って、山《やま》にのぼった。」というときは、「上《のぼ》る」と「登《のぼ》る」のどちらがふさわしいでしょう。

「上《のぼ》る」は、「高《たか》い方《ほう》へ行《い》くこと」を意味《いみ》します。「都《みやこ》へ上《のぼ》る」「川《かわ》を上《のぼ》る」のように使《つか》います。

「登《のぼ》る」は、「高《たか》いところによじのぼる」ことをいいます。ですから、山《やま》や木《き》にのぼるというときは、「登《のぼ》る」のほうがふさわしいのです。

ほかにも、「昇《のぼ》る」という字《じ》が

あります。これは、「高《たか》いところまであがる」という意味《いみ》をもちます。「太陽《たいよう》が昇《のぼ》る」や「天《てん》に昇《のぼ》る」のように使《つか》いますが、これらは「上《のぼ》る」と書《か》いてもいいことになっています。

また、「お気《き》に入《い》りの服《ふく》をせんたく機《き》であらったら、色《いろ》がかわった。」というときの「かわる」は、「変《か》わる」と「代《か》わる」のどちらで書《か》くのがふさわしいと思《おも》いますか。

答《こた》えは「変《か》わる」です。「変《か》わる」は、ものごとのようすが、前《まえ》とちがったじょうたいになることをいいます。

「代《か》わる」は、人《ひと》やもののかわりとなることをいうので、「父《ちち》の代《か》わりに、兄《あに》が電話《でんわ》に出《で》た。」のように使《つか》うのがふさわしいのです。

ほかにも「替《か》わる」や「換《か》わる」があります。

「替《か》わる」は、最初《さいしょ》にあったものがなくなって、その場所《ばしょ》や立場《たちば》に、別《べつ》のものや人《ひと》がやってくることを言《い》います。つまり、「担任《たんにん》が替《か》わる。」のように使《つか》うのですね。

「換《か》わる」は、あるものと、別《べつ》のものが入《い》れかわることを言《い》います。つまり、「わたしのガムと弟《おとうと》のあめを換《か》える。」のように使《つか》うのです。

話《はな》すときには何気《なにげ》なく使《つか》っていることばばかりですが、意味《いみ》によって使《つか》う漢字《かんじ》がちがってきます。文章《ぶんしょう》に書《か》くときは、意味《いみ》をよく考《かんが》えて、まちがえないように注意《ちゅうい》する必要《ひつよう》があります。

ことばの由来《ゆらい》①

朝飯前《あさめしまえ》

算数《さんすう》の宿題《しゅくだい》にこまっていると、お父《とう》さんがのぞきこんできました。

「ねえ、お父《とう》さん、この問題《もんだい》ちょっと教《おし》えて。」

と言《い》うと、お父《とう》さんは、

「どれどれ。小学生《しょうがくせい》の算数《さんすう》くらいなら朝飯前《あさめしまえ》だ。」

と答《こた》えました。どういう意味《いみ》でしょう。

朝《あさ》ご飯《はん》を食《た》べる前《まえ》は、おなかがすいていますね。朝《あさ》ご飯《はん》をしっかり食《た》べないとエネルギーが足《た》りず、思《おも》い通《どお》りに体《からだ》を動《うご》かすことができない場合《ばあい》があります。そんなときでも、かんたんにできるようなことについて、「朝飯前《あさめしまえ》」と言《い》うのです。つまり、「朝飯前《あさめしまえ》でもそんなことならすぐできる」という意味《いみ》からきて

いるのですね。

「朝飯前《あさめしまえ》」と同《おな》じような意味《いみ》をもつことばに、「お茶《ちゃ》の子《こ》さいさい」がありま す。ちょっとおもしろいことばですよね。「お茶《ちゃ》の子《こ》さいさい」とは、「お茶《ちゃ》の子《こ》」ということばに、「さいさい」というはやしことばをつけたものです。

「お茶《ちゃ》の子《こ》」は、朝《あさ》ご飯《はん》の前《まえ》に飲《の》むお茶《ちゃ》にそえられた、軽《かる》いお茶《ちゃ》がしのことです。お茶《ちゃ》がしを食《た》べるのは、だれにでもできるかんたんなことですから、「お茶《ちゃ》の子《こ》」は、「かんたんだ」とか「すぐできる」という意味《いみ》をもつようになりました。

「さいさい」は、はやり歌《うた》であった「のんのこ節《ぶし》」の「のんのこさいさい」というはやしことばからつけられました。これは、ことばのリズムをよくするためのもので、とくに意味《いみ》はもっていません。

学校《がっこう》やじゅくで、とつぜんテストが行《おこな》われることになっても、

「そんなの、朝飯前《あさめしまえ》だよ。」

と、言《い》えるようになれたらいいですね。

どこが部首《ぶしゅ》か、なやめる漢字《かんじ》

漢数字《かんすうじ》の部首《ぶしゅ》はまぎらわしい？
～一、二、三、四、五、六、七、八、九、十、百《ひゃく》、千《せん》、万《まん》～

数字《すうじ》を表《あらわ》す漢字《かんじ》のことを、漢数字《かんすうじ》と言《い》います。まずは、ちょっとわかりにくい、漢数字《かんすうじ》の部首《ぶしゅ》について見《み》ていきましょう。

「一」の部首《ぶしゅ》は、何《なん》だかわかりますか。答《こた》えは「一（いち）」です。それでは、「二」の部首《ぶしゅ》は何《なん》でしょう。「一（いち）」だと思《おも》った人《ひと》もいるかもしれませんが、答《こた》えは「二（に）」です。これらの部首《ぶしゅ》は、とくに意味《いみ》を表《あらわ》すことはなく、漢字《かんじ》を形《かたち》のうえで分《わ》けるためにでき

たと言《い》われています。
　では、「三」はどうでしょう。じつは、「三」の部首《ぶしゅ》は「一（いち）」なのです。ほかにも、「七」や「万《まん》」の部首《ぶしゅ》も「一（いち）」とされています。ところが、「五」の部首《ぶしゅ》は「二（に）」なのです。本当《ほんとう》にややこしいですね。「六」と「八」の部首《ぶしゅ》は「八（はち）」、「十」と「千《せん》」の部首《ぶしゅ》は「十（じゅう）」です。どちらの部首《ぶしゅ》も、漢数字《かんすうじ》にふくまれる場合《ばあい》は、とくに意味《いみ》を表《あらわ》していないと言《い》われています。

「漢数字《かんすうじ》と部首《ぶしゅ》」

一　二　三
四　五　六
七　八　九（乙《おつ》）
十　百　千
万　…

〈部首《ぶしゅ》の部分《ぶぶん》は赤色《あかいろ》になっています。〉

「四」と「九」の部首《ぶしゅ》は、ほかのどれとも共通《きょうつう》していません。「四」の部首《ぶしゅ》は「口（くにがまえ）」です。「かこむ」や「かこい」に関係《かんけい》する意味《いみ》を表《あらわ》します。「九」の部首《ぶしゅ》は「乙（おつ）」です。この部首《ぶしゅ》は「まがる」などに関係《かんけい》する意味《いみ》を表《あらわ》します。

さて、最後《さいご》に「百《ひゃく》」です。九十九さいのお祝《いわ》いのことを「白寿《はくじゅ》」と言《い》います。つまり、この「白《はく》」は「九十九」という意味《いみ》をもちます。そこに「一」を足《た》したら、「百《ひゃく》」になりますね。つまり「百《ひゃく》」は、「一」と「白《はく》」でできた漢字《かんじ》です。そして、「百《ひゃく》」の部首《ぶしゅ》は「一（いち）」ではなくて「白（しろ）」なのです。

このように、漢数字《かんすうじ》の部首《ぶしゅ》はわかりにくいのですが、これを全部《ぜんぶ》覚《おぼ》えられたら、漢字博士《かんじはかせ》に一歩近《いっぽちか》づけるかもしれませんよ。

意味《いみ》を表《あらわ》す部分《ぶぶん》が部首《ぶしゅ》になる？
～問《もん》、聞《ぶん》～

「問《もん》」と「聞《ぶん》」の部首《ぶしゅ》が何《なん》だか知《し》っていますか。

「門（もんがまえ）」だと思《おも》っている人《ひと》が多《おお》いようですが、じつは、それはまちがいです。

漢字《かんじ》には、音《おん》を表《あらわ》す部分《ぶぶん》と、意《い》

味《み》を表《あらわ》す部分《ぶぶん》が組《く》み合《あ》わさってできているものがあります。「問《もん》」や「聞《ぶん》」もそうです。このような漢字《かんじ》の部首《ぶしゅ》は、意味《いみ》を表《あらわ》す部分《ぶぶん》であることが多《おお》いのです。

「問《もん》」には、「門《もん》」と「口《くち》」があります。「問《もん》」の音読《おんよ》みは「モン」です。つまり「門《もん》」は、「モン」という音《おん》を表《あらわ》す部分《ぶぶん》です。そのため、「口《くち》」が意味《いみ》を表《あらわ》す部分《ぶぶん》ということになります。ですから、「問《もん》」の部首《ぶしゅ》は、「口（くち）」なのです。

「聞《ぶん》」には、「門《もん》」と「耳《みみ》」があります。「聞《ぶん》」の音読《おんよ》みは、「ブン」のほかに「モン」もあります。ですから、これも「問《もん》」と同《おな》じように、「門《もん》」が音《おん》を表《あらわ》す部分《ぶぶん》なのです。そのため、意味《いみ》を表《あらわ》す部分《ぶぶん》は「耳《みみ》」になります。ですから、「聞《ぶん》」の部首《ぶしゅ》は「耳（みみ）」なのです。

「門《もん》」は、左右《さゆう》に開《ひら》く二枚《まい》のとびらの形《かたち》からできたといわれています。「開《かい》」や「閉《へい》」、「間《かん》」「関《かん》」にも「門《もん》」がありますが、これらの漢字《かんじ》は「問《もん》」や「聞《ぶん》」とちがい、「モン」という音読《おんよ》みをもちません。ですから、「門《もん》」に関係《かんけい》する意味《いみ》を表《あらわ》す「門（もんがまえ）」が、部首《ぶしゅ》となるのです。

「問《もん》」と「聞《ぶん》」の部首《ぶしゅ》は、「口《くち》」で「問《と》う」、「耳《みみ》」で「聞《き》く」と覚《おぼ》えておけば、もうまちがうことはありませんね。

三日月《みかづき》がかくれている漢字《かんじ》？
～夜《よる》、名《な》～

「夜《よる》」という漢字《かんじ》の部首《ぶしゅ》は、「亠（なべぶた）」「亻（にんべん）」のどちらでしょう。

じつは、「どちらでもない」が正解《せいかい》です。ちょっといじわるな問《もん》題《だい》でしたね。

「夜《よる》」の部首《ぶしゅ》は、「夕（ゆう・ゆうべ）」です。「亠（なべぶた）」の下《した》の向《む》かって右側《みぎがわ》の部分《ぶぶん》をよく見《み》ると、「夕《ゆう》」の字《じ》がかくれているのがわかるでしょう。「夕《ゆう》」は、三日月《みかづき》の形《かたち》からできたもので、夜《よる》に関係《かんけい》する意味《いみ》を表《あらわ》す部首《ぶしゅ》です。

「夜《よる》」は、この「夕《ゆう》」と「亦（えき）」からなる字《じ》です。「亦《えき》」の形《かたち》が変《か》わっているので、ちょっとわかりにくいですね。

「亦《えき》」は、人《ひと》が立《た》っているすがたの、左右《さゆう》のわきのしたに「丶」を加《くわ》えて、「わき」という意味《いみ》を表《あらわ》したと言《い》われています。人《ひと》の中心《ちゅうしん》を昼《ひる》とすると、夜《よる》はそのわきにあるものと考《かんが》えたものです。それで、「夕《ゆう》」と「亦《えき》」で、月《つき》が出《で》る「夜《よる》」を表《あらわ》したのです。

「夕（ゆう・ゆうべ）」を部首《ぶしゅ》にもつ漢字《かんじ》には、ほかにも「外《がい》」や「夢《ゆめ》」があります。それでは、「名《な》」はどうでしょう。

「名《な》」は、「夕《ゆう》」と「口《くち》」からなる字《じ》ですが、部首《ぶしゅ》は「夕（ゆう・ゆうべ）」ではなく、「口（くち）」のほうです。

「名《な》」のなりたちについては、いくつか説《せつ》がありますが、「夕《ゆう》」は夜《よる》を表《あらわ》し、暗《くら》くてだれだかわからないため、自分《じぶん》の名前《なまえ》を「口《くち》」で言《い》ったことから、「夕《ゆう》」と「口《くち》」で「なまえ」という意味《いみ》を表《あらわ》すようになったとも言《い》われています。

部首《ぶしゅ》はイネをかぶっておどった人《ひと》？
～季《き》、委《い》～

「季《き》」「委《い》」は、とてもよく似《に》た漢字《かんじ》ですね。共通《きょうつう》している「禾（のぎ・のぎへん）」を、部首《ぶしゅ》だと思《おも》っていた人《ひと》はいませんか。「禾（のぎ・のぎへん）」は、イネなどのこく物《もつ》が実《みの》ったようすを表《あらわ》します。つまり、「季《き》」も「委《い》」も、実《みの》ったこく物《もつ》に関係《かんけい》する字《じ》なのですね。

ところが、部首《ぶしゅ》は「禾（のぎ・のぎへん）」ではなく、それぞれ「子（こ）」と「女（おんな）」のほうなのです。

「季《き》」は、実《みの》ったこく物《もつ》に「子《こ》」がついていることから、「まだ十《じゅう》分《ぶん》に育《そだ》っていないなえ」という意味《いみ》を表《あらわ》します。そこから、「おさない」や「すえ（っ子《こ》）」という意味《いみ》をもつようになりました。

「委《い》」は、実《みの》ったこく物《もつ》に「女《おんな》」がついていますね。たわわに実《みの》ったイネのほが風《かぜ》にゆれているようすと、女《おんな》の人《ひと》のしなやかなすがたを重《かさ》ねて、「人《ひと》にまかせる」「したがう」という意味《いみ》をもつようになったのです。

また、「禾（のぎ・のぎへん）」がイネのわらでつくったかぶりものをさしているという説《せつ》もあります。

この説《せつ》によると「季《き》」は、いちばん年下《としした》の子《こ》どもが、そのかぶりものを頭《あたま》にかぶり、豊作《ほうさく》を願《ねが》っておどるすがたを表《あらわ》したとされています。

「委《い》」にも「季《き》」と同《おな》じように、イネのわらでつくったかぶりものをかぶった女《おんな》の人《ひと》が、豊作《ほうさく》を願《ねが》い、こしをかがめておどるすがたを表《あらわ》しているという説《せつ》があります。

「季《き》」「委《い》」については、「イネをかぶっておどった人《ひと》」が、部首《ぶしゅ》に当《あ》たることを覚《おぼ》えておけば、まちがうことはありませんね。

あなかんむりのおとしあなに注意《ちゅうい》？

～家《いえ》、宿《やど》、空《そら》、究《きゅう》、宙《ちゅう》、窓《まど》～

「家《いえ》」「宿《やど》」に共通《きょうつう》する部首《ぶしゅ》は何《なん》でしょう。

答《こた》えは「宀（うかんむり）」です。形《かたち》がカタカナの「ウ」に似《に》ていることから、こうよばれています。「宀（うかんむり）」は、家《いえ》を

おおう屋根《やね》の形《かたち》で、家《いえ》の種類《しゅるい》やようすに関係《かんけい》する意味《いみ》を表《あらわ》します。

それでは、「空《そら》」「究《きゅう》」に共通《きょうつう》する部首《ぶしゅ》は何《なん》でしょう。

これらの字《じ》にも「宀（うかんむり）」がかくれていますね。そこから「宀（うかんむり）」だと思《おも》うかもしれませんが、じつはそうではありません。

「空《そら》」「究《きゅう》」の部首《ぶしゅ》は、「穴（あなかんむり）」です。よく見《み》ると、「穴《あな》」がかくれているでしょう。「穴（あなかんむり）」は、あなに関係《かんけい》する意味《いみ》を表《あらわ》します。

「空《そら》」は、「穴（あな）」と、つきぬけるという意味《いみ》の「工（こう）」からできています。あながまっすぐにつきぬけること、つまり、中《なか》身《み》がなくてからっぽなことを意味《いみ》し、そこから、どこまでもつきぬける「そら」を表《あらわ》すようになりました。

「究《きゅう》」は、「九」が曲《ま》がった手《て》を表《あらわ》すことから、あなのおくまで手《て》を入《い》れてよく調《しら》べることを意味《いみ》し、そこから、「きわめる」という意味《いみ》を表《あらわ》すようになったのです。

「宙《ちゅう》」も、「空《そら》」と同《おな》じように、「そら」という意味《いみ》をもっていますが、「宇宙《うちゅう》」という熟語《じゅくご》で使《つか》われることからもわかるように、もっと大《おお》きな空間《くうかん》をさします。大空《おおぞら》や空中《くうちゅう》、時間《じかん》の広《ひろ》がりを表《あらわ》す字《じ》で、意味《いみ》がよく似《に》ていますが、「宙《ちゅう》」の部首《ぶしゅ》は「宀（うかんむり）」ですから、注意《ちゅうい》しましょう。

また、「窓《まど》」は、家《いえ》に関係《かんけい》のある漢字《かんじ》ですが、部首《ぶしゅ》は「宀（うかんむり）」ではありません。窓《まど》はかべにあなを開《あ》けてつくるから、「穴（あなかんむり）」と覚《おぼ》えておきましょう。

「行《ぎょう》」の部首《ぶしゅ》は「ぎょうにんべん」じゃない？

～役《やく》、徒《と》、後《ご》、律《りつ》、行《ぎょう》、術《じゅつ》、街《がい》、衛《えい》～

「役《やく》」という漢字《かんじ》の部首《ぶしゅ》は何《なん》でしょう。

答《こた》えは「彳（ぎょうにんべん）」です。「行《い》く」や「道《みち》」に関係《かんけい》する意味《いみ》を表《あらわ》します。「徒《と》」「後《ご》」「律《りつ》」なども、「彳（ぎょうにん

べん)」を部首《ぶしゅ》とする漢字《かんじ》です。「ぎょうにんべん」というくらいですから、「行《ぎょう》」の部首《ぶしゅ》もこれだと思《おも》っていた人《ひと》もいるのではないでしょうか。

じつは「行《ぎょう》」は、「行(ぎょうがまえ・ゆきがまえ)」を部首《ぶしゅ》とする漢字《かんじ》なのです。これも、「彳(ぎょうにんべん)」と同《おな》じように、「行《い》く」や「道《みち》」に関係《かんけい》する意味《いみ》を表《あらわ》します。

「行《ぎょう》」は、十字路《じゅうじろ》の形《かたち》からできた

字《じ》です。「道《みち》」のほかに、「まっすぐ」という意味《いみ》ももち、「まっすぐにならぶ」というところから、「行列《ぎょうれつ》」も表《あらわ》します。「術《じゅつ》」や「街《がい》」「衛《えい》」も、「行（ぎょうがまえ・ゆきがまえ）」を部《ぶ》首《しゅ》とする漢字《かんじ》です。いずれも「行《ぎょう》」がかくれていますね。

このように、間《あいだ》や中《なか》に何《なに》かが入《はい》る部首《ぶしゅ》には、「〜がまえ」という名前《なまえ》がつけられています。

「国《くに》」や「四」の部首《ぶしゅ》である「口（くにがまえ）」や、「医《い》」や「区《く》」の部首《ぶしゅ》である「匸（はこがまえ）」、「間《かん》」や「開《かい》」の部首《ぶしゅ》である「門（もんがまえ）」、「気《き》」の部首《ぶしゅ》である「气（きがまえ）」などがありますね。

漢字《かんじ》七変化《しちへんげ》②

同《おな》じ形《かたち》なのにちがう部首《ぶしゅ》

ここでは、とっておきの部首《ぶしゅ》のひみつをお教《おし》えしましょう。何《なん》と、まったく同《おな》じ形《かたち》をしているのに、ちがう意味《いみ》をもつ部首《ぶしゅ》があるのです。「服《ふく》」と「腹《はら》」。まずは、この二《ふた》つの漢字《かんじ》に注目《ちゅうもく》しましょう。「服《ふく》」の部首《ぶしゅ》は、「月（つき・つきへん）」です。「月（つき・つきへん）」は、「月《つき》」や「時間《じかん》」に関係《かんけい》する意味《いみ》を表《あらわ》す部首《ぶしゅ》です。ほかにも、「月（つき・つきへん）」を部首《ぶしゅ》にもつ字《じ》には、「望《ぼう》」「朝《あさ》」「期《き》」などがあります。

それでは、「腹《はら》」の部首《ぶしゅ》は何《なん》でしょう。

同《おな》じく「月《つき》」の部分《ぶぶん》が部首《ぶしゅ》に当《あ》たるのですが、これは「月（つき・

つきへん)」とは言《い》いません。「月(にくづき)」と言《い》うのです。「肉《にく》」という字《じ》が「へん」になるときに、「月《つき》」の形《かたち》をとるものを言《い》います。

「月(にくづき)」は、「肉《にく》」や「体《からだ》」に関係《かんけい》する意味《いみ》を表《あらわ》す部首《ぶしゅ》です。「腹《はら》」は、体《からだ》に関係《かんけい》する字《じ》ですね。ほかにも、「肺《はい》」「脳《のう》」「腸《ちょう》」「胸《むね》」などが、「月(にくづき)」を部首《ぶしゅ》とする漢字《かんじ》です。

さて、もう一《ひと》つ、同《おな》じ形《かたち》でちがう意味《いみ》をもつ部首《ぶしゅ》をしょうかいしましょう。

「阝」は、「都《みやこ》」のように、漢字《かんじ》の右《みぎ》がわにあるときは「阝（おおざと）」という部首《ぶしゅ》になります。これは、人《ひと》が住《す》んでいるところに関係《かんけい》する意味《いみ》を表《あらわ》します。この部首《ぶしゅ》をもつ漢字《かんじ》には、ほかに「郡《ぐん》」「部《ぶ》」「郷《ごう》」などがあります。

「阝」が、「階《かい》」のように、漢字《かんじ》の左《ひだり》がわにあるときは「阝（こざと・

こざとへん)」という部首《ぶしゅ》になります。これは、土地《とち》や階段《かいだん》などに関係《かんけい》する意味《いみ》を表《あらわ》します。この部首《ぶしゅ》をもつ漢字《かんじ》には、ほかに「陸《りく》」「陽《よう》」「院《いん》」「隊《たい》」などがあります。

まったく同《おな》じ形《かたち》なのに、右《みぎ》にくるか左《ひだり》にくるかというだけで部首《ぶしゅ》の意味《いみ》がちがってしまうのですから、とってもふしぎですね。

ところでみなさんは漢字辞典《かんじじてん》を使《つか》ったことがありますか。部首《ぶしゅ》を知《し》っていると、「部首《ぶしゅ》さくいん」というのを使《つか》って、読《よ》み方《かた》がわからない漢字《かんじ》を調《しら》べることができます。部首《ぶしゅ》がわからない場合《ばあい》でも、読《よ》み方《かた》がわかれば「音訓《おんくん》さくいん」というのを使《つか》って、調《しら》べることもできます。

まずは、自分《じぶん》の名前《なまえ》の中《なか》にある漢字《かんじ》を、漢字辞典《かんじじてん》を使《つか》って調《しら》べてみましょう。あなたが生《う》まれてきたときに、家族《かぞく》やまわりの人《ひと》びとが、あなたの名前《なまえ》にこめた願《ねが》いを知《し》ることができます。名前《なまえ》がひらがなやカタカナの人《ひと》は、漢字《かんじ》にするならどの字《じ》がよいか、自分《じぶん》で選《えら》んでみるのもおもしろいですよ。すてきな意味《いみ》をもつ字《じ》をさがして、みましょう。自分《じぶん》の名前《なまえ》とはまったくちがう感《かん》じの、新《あたら》しいペンネームを考《かんが》えてみるのもいいですね。

ことばの由来《ゆらい》②

交番《こうばん》

「交番《こうばん》」ですが、どうしてこういう名前《なまえ》になったか知《し》っていますか。

今《いま》から百《ひゃく》三十年《ねん》以《い》上《じょう》も前《まえ》の一八七四（明治《めいじ》七）年《ねん》、東京《とうきょう》に警視《けいし》庁《ちょう》ができました。そのとき、はじめて「交番所《こうばんしょ》」というものがもうけられたのです。ただし、この交番所《こうばんしょ》は、今《いま》の交番《こうばん》とはずいぶんちがっていました。

今《いま》のような建物《たてもの》はなく、警察官《けいさつかん》が立《た》って番《ばん》をするための場所《ばしょ》でしかなかったのです。警察官《けいさつかん》は、今《いま》の警察署《けいさつしょ》に当《あ》たる屯所《とんしょ》というところから、歩《ある》いてパトロールをしつつ交番所《こうばんしょ》へ向《む》かい、前《まえ》の人《ひと》と交《こう》たいしました。

この「交《こう》たいして番《ばん》をする所《ところ》」ということから、「交番所《こうばんしょ》」とよばれるよう

になったのです。

のちになって、交番所《こうばんしょ》はちゃんとした建物《たてもの》となり、そこで警察官《けいさつかん》が仕事《しごと》をするようになりました。今《いま》の交番《こうばん》のようなしせつになったのですね。

一八八八（明治《めいじ》二十一）年《ねん》に、交番所《こうばんしょ》のことを「派出所《はしゅつしょ》」や「駐在所《ちゅうざいしょ》」という名前《なまえ》でよぶことが決《き》められました。

しかし、市民《しみん》の間《あいだ》では、交番所《こうばんしょ》を「交番《こうばん》」とよぶことが当《あ》たり前《まえ》のようになっていて、このよび方《かた》がずっと残《のこ》っていったのです。

そこで、一九九四（平成《へいせい》六）年《ねん》には、正式《せいしき》な名前《なまえ》を「派出所《はしゅつしょ》」から「交番《こうばん》」に改《あらた》めることが決《き》められました。長《なが》い間《あいだ》ニックネームだった「交番《こうばん》」が、正式《せいしき》な名前《なまえ》になったのですね。

似《に》すぎている漢字《かんじ》

ちいさいこととけずり取《と》ることと?

~小《しょう》と少《しょう》~

「小《しょう》」と「少《しょう》」は、音読《おんよ》みが同《おな》じで形《かたち》も似《に》ています。また、部首《ぶしゅ》が、ちいさいことに関係《かんけい》する意味《いみ》を表《あらわ》す「小（しょう）」であるところも同《おな》じです。そのせいか、使《つか》い分《わ》けがむずかしい場合《ばあい》があります。

「百万分《ひゃくまんぶん》の一の大《おお》きさにシュクショウした地図《ちず》。」

というとき、「縮小《しゅくしょう》」と「縮少《しゅくしょう》」のどちらが正《ただ》しいでしょうか。

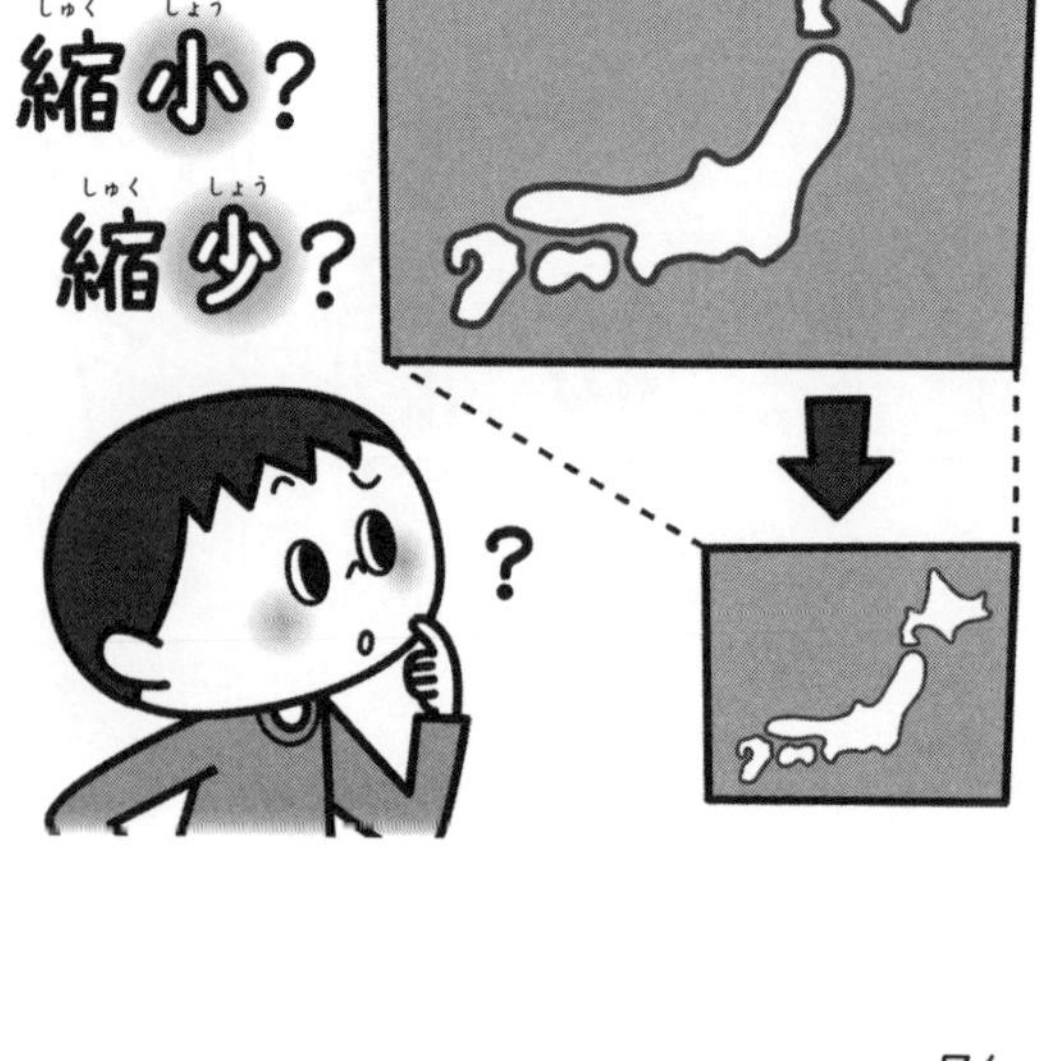

もともと「小《しょう》」という字《じ》は、三《みっ》つのちいさいばらばらな点《てん》をえがいた形《かたち》からできたもので、「ちいさい」という意味《いみ》を表《あらわ》します。反《はん》対《たい》の意味《いみ》をもつ字《じ》は、おおきいことを表《あらわ》す「大《だい》」です。

「少《しょう》」は、「小《しょう》」の下《した》に「ノ」がついていますね。これは、ななめにけずり取《と》ることを表《あらわ》します。けずり取《と》ってへらすというところから、「量《りょう》がへる」となり、「すくない」という意味《いみ》を表《あらわ》すようになりました。反対《はんたい》の意味《いみ》をもつ字《じ》は、おおいことを表《あらわ》す「多《た》」です。つまり、「小《しょう》」は、形《かたち》がちいさいことを表《あらわ》し、「少《しょう》」は、数《かず》や量《りょう》がへって足《た》りなくなることを表《あらわ》します。

ですから、地図《ちず》がちぢんで形《かたち》が小《ちい》さくなることをさす「シュクショウ」には、「縮小《しゅくしょう》」がふさわしいということになるのです。

それでは、ここで応用問題《おうようもんだい》です。

「人口《じんこう》がゲンショウする。」

というとき、「減小《げんしょう》」と「減少《げんしょう》」のどちらが正《ただ》しいでしょう。

答《こた》えは、「減少《げんしょう》」です。ここでは、人数《にんずう》がへることを表《あらわ》すので、「少《しょう》」のほうを使《つか》うのですね。どちらを使《つか》うかまよったら、それぞれの字《じ》がもつ意味《いみ》を思《おも》い出《だ》して、考《かんが》えてみましょう。

口《くち》は、いるの いらないの？

～門《もん》と問《もん》～

「わたしのおじは、こん虫《ちゅう》のセンモン家《か》だ。」と言《い》うとき、「専門《せんもん》」と「専問《せんもん》」のどちらが正《ただ》しいと思《おも》いますか。

「専《せん》」という字《じ》は、「一筋《ひとすじ》に」や「そのことだけに取《と》り組《く》む」という意味《いみ》をもちます。ですから、「その学問一筋《がくもんひとすじ》に取《と》り組《く》む人《ひと》」と考《かんが》えれば、「専問《せんもん》」の方《ほう》が正《ただ》しいような気《き》がしてきますね。

ところが、正《ただ》しいのは「専門《せんもん》」のほうなのです。

「問《もん》」の部首《ぶしゅ》は、51ページの『どこが部首《ぶしゅ》か、なやめる漢字《かんじ》』のところで、しょうかいしましたね。「口（くち）」です。「門《もん》」の部首《ぶしゅ》は、入《い》り口《ぐち》や囲《かこ》いに関係《かんけい》する意味《いみ》を表《あらわ》す「門（もんがまえ）」です。

「門《もん》」は、もともと、左右《さゆう》に開《ひら》くとびらの形《かたち》からできました。「校《こう》門《もん》」に使《つか》われるような、「げんかんの外《そと》にある出入《でい》り口《ぐち》」という意《い》味《み》のほかに、「教育《きょういく》を受《う》ける場所《ばしょ》」という意味《いみ》ももちます。

この「教育《きょういく》を受《う》ける場所《ばしょ》」という意味《いみ》の「門《もん》」には、ある分野《ぶんや》について、一筋《ひとすじ》に研究《けんきゅう》をしている先生《せんせい》がいます。そこから、「センモン」は「専門《せんもん》」と書《か》くようになったのです。専門家《せんもんか》の話《はなし》を聞《き》くときは、よけいなおしゃべりはせずに、だまっていたほうがよいですね。ですから、「口《くち》は、いらない」と覚《おぼ》えましょう。

それでは、

「おじの家《いえ》をホウモンする。」と言《い》うときは、「訪門《ほうもん》」と「訪問《ほうもん》」のどちらが正《ただ》しいでしょう。「訪《ほう》」は、「おとずれる」という意味《いみ》をもっています。「門《もん》」を「おとずれる」で、「訪門《ほうもん》」でもよいような気《き》がしますが、「ホウモン」は、「おとずれ」て「問《と》う」という意味《いみ》を表《あらわ》すことばなので、「訪問《ほうもん》」のほうが正《ただ》しいのです。相手《あいて》がいるところをおとずれるときは、きちんとあいさつをしないと失礼《しつれい》ですね。ですから、「口《くち》が、いる」と覚《おぼ》えましょう。

近道《ちかみち》をさすのはどっち？
～径《けい》と経《けい》～

円《えん》の中心《ちゅうしん》を通《とお》り、その両《りょう》はしが円《えん》の上《うえ》にある直線《ちょくせん》のことを「ちょっけい」と言《い》います。その半分《はんぶん》の長《なが》さを「はんけい」と言《い》いますが、漢字《かんじ》で書《か》くと、「直径《ちょっけい》・半径《はんけい》」と「直経《ちょっけい》・半経《はんけい》」のどちらが正《ただ》しいでしょうか。

「径《けい》」は、もともと「徑《けい》」と書《か》かれていました。この字《じ》の部首《ぶしゅ》は、「道《みち》」や「行《い》く」という意味《いみ》を表《あらわ》す「彳（ぎょうにんべん）」です。

右《みぎ》がわの「巠（けい）」は、布《ぬの》をおるはたおりの機械《きかい》に、まっすぐにたて糸《いと》をはるようすを表《あらわ》したもので、合《あ》わせて「曲《ま》がった道《みち》を通《とお》らずにまっすぐに行《い》く」、つまり、「近道《ちかみち》」という意味《いみ》をもつようになりました。

「経《けい》」の部首《ぶしゅ》は、糸《いと》やおり物《もの》に関係《かんけい》する意味《いみ》を表《あらわ》す「糸（いとへん）」です。じつは「経《けい》」も、もとは「經《けい》」と書《か》かれていて、「径《けい》」と同《おな》じく「巠《けい》」をふくんでいました。それが、「糸（いとへん）」がもつ意味《いみ》と合《あ》わさって「たて糸《いと》」となり、「地球《ちきゅう》の南北《なんぼく》を結《むす》ぶ線《せん》」や「時間《じかん》や場所《ばしょ》を通《とお》りすぎる」という意味《いみ》を表《あらわ》すようになったのです。

さて、ここまで読《よ》んできても、「ちょっけい」と「はんけい」にどちらの字《じ》がふさわしいのか、わからない人《ひと》もいるでしょう。

今《いま》、自分《じぶん》が円《えん》の形《かたち》をしたグラウンドのはしにいると考《かんが》えましょう。

自分《じぶん》がいるところのちょうど反対《はんたい》がわまで行《い》くには、グラウンドの中心《ちゅうしん》を通《とお》るのが、いちばんの近道《ちかみち》です。真《ま》ん中《なか》を通《とお》らずに行《い》こうとすると、遠回《とおまわ》りになってしまいます。ですから、「ちょっけい」は、近道《ちかみち》を表《あらわ》す「径《けい》」を使《つか》った「直《ちょっ》径《けい》」が正《ただ》しいのです。「はんけい」は直径《ちょっけい》の半分《はんぶん》ですから、これも「半径《はんけい》」が正《ただ》しいということになりますね。

親《おや》を大切《たいせつ》にする字《じ》はどっち？
～考《こう》と孝《こう》～

「将来《しょうらい》は、たくさんオヤコウコウをしたいです。」と作文《さくぶん》に書《か》くとき、「親考行《おやこうこう》」と「親孝行《おやこうこう》」のどちらを書《か》きますか。

「考《こう》」と「孝《こう》」は、とてもよく似《に》ていますね。共通《きょうつう》しているところもあります。そう、「耂」の部分《ぶぶん》です。これは「耂（おいかんむり）」といって、「お年《とし》より」に関係《かんけい》する意味《いみ》を表《あらわ》し、「考《こう》」の部首《ぶしゅ》に当《あ》たります。ただし、「孝《こう》」の部首《ぶしゅ》は、子《こ》どもに関係《かんけい》する意味《いみ》を表《あらわ》す「子

（こ）」なので、注意《ちゅうい》が必要《ひつよう》です。

「考《こう》」は、「耂（おいかんむり）」の下《した》に「丂（こう）」と書《か》きますね。「丂」は、「曲《ま》がりくねる」という意味《いみ》ですから、「考《こう》」は、もともとは「こしの曲《ま》がったお年《とし》より」を表《あらわ》す字《じ》でした。それがやがて、「曲《ま》がりくねるように、よくかんがえる」という意味《いみ》ももつようになったのです。

「孝《こう》」は、「耂（おいかんむり）」の下《した》に「子《こ》」と書《か》きますね。「子《こ》」は、もちろん「子《こ》ども」という意味《いみ》ですから、「孝《こう》」は「お年《とし》よりと子《こ》ども」を表《あらわ》します。そこから、「年《とし》をとった親《おや》を、子《こ》どもが大《たい》切《せつ》にする」という意味《いみ》をもつようになりました。

これで、もうわかりましたね。「オヤコウコウ」は、「親《おや》を大切《たいせつ》にする」という意味《いみ》ですから、「親孝行《おやこうこう》」が正《ただ》しいのです。

さて、「親孝行《おやこうこう》」の反対《はんたい》の意味《いみ》をもつことばを知《し》っていますか。

答《こた》えは「オヤフコウ」です。親《おや》を大切《たいせつ》にしないだけでなく、親《おや》に心配《しんぱい》やめいわくばかりをかけてしまうことを言《い》います。だから、ついつい「親不幸《おやふこう》」と書《か》いてしまう人《ひと》がいますが、これはまちがいです。「孝行《こうこう》ではない」という意味《いみ》の「不孝《ふこう》」を書《か》くのが正《ただ》しいのです。

親《おや》は子《こ》どもに、心配《しんぱい》やめいわくばかりをかけられて、こまることもあるかもしれませんが、愛《あい》するわが子《こ》がせいいっぱい生《い》きていてくれれば、それだけで親《おや》は「不幸《ふこう》」ではないのかもしれませんね。

「おだやかな海《うみ》」を漢字《かんじ》で表《あらわ》すには？
～大《だい》と太《たい》～

　地球上《ちきゅうじょう》にある海《うみ》と陸《りく》のうち、どちらのほうが広《ひろ》いでしょうか。

　答《こた》えは海《うみ》です。地球全体《ちきゅうぜんたい》を十とすると、そのうちの七が海《うみ》で、残《のこ》りの三が陸《りく》に当《あ》たるのです。また、この海《うみ》を、大《おお》きく三《みっ》つに分《わ》けたものを三大《だい》海洋《かいよう》といい、それ

ぞれ「タイヘイヨウ」「タイセイヨウ」「インド洋《よう》」という名前《なまえ》があります。

この「タイヘイヨウ」と「タイセイヨウ」を漢字《かんじ》で書《か》くとき、まちがえる人《ひと》がたくさんいます。正解《せいかい》は「太平洋《たいへいよう》」と「大西洋《たいせいよう》」です。とくにむずかしい漢字《かんじ》ではないのですが、どっちが「大《だい》」で、どっちが「太《たい》」だったかわからなくなってしまう人《ひと》が多《おお》いのです。どちらも、人《ひと》のすがたや大《おお》きいことを表《あらわ》す「大（だい）」を部首《ぶしゅ》とする漢字《かんじ》です。

「太平洋《たいへいよう》」は、世界《せかい》で最《もっと》も大《おお》きな海《うみ》です。今《いま》から五百年《ひゃくねん》ほど前《まえ》に、この海《うみ》をわたったマゼランという人《ひと》が、英語《えいご》で「おだやかな海《うみ》」という意味《いみ》の名前《なまえ》をつけました。それを日本語《ご》に置《お》きかえるときに、「太平洋《たいへいよう》」ということばができたのです。「太平《たいへい》」は、「とてもおだやかな」という意味《いみ》を表《あらわ》します。それに、「海《うみ》」という意味《いみ》をもつ「洋《よう》」を合《あ》わせて、「太平洋《たいへいよう》」と書《か》くようになったのです。

「大西洋《たいせいよう》」は、「アトラス山脈《さんみゃく》のそばにある海《うみ》」という意味《いみ》を表《あらわ》す英語《えいご》がもとになっています。この「アトラス」というのは、大昔《おおむかし》のギリシア神話《しんわ》に出《で》てくる巨人《きょじん》（大《おお》きな人《ひと》）の名前《なまえ》です。これを日本語《ご》で表《あらわ》すときに、なぜ「大西洋《たいせいよう》」としたのかについては、いろいろな説《せつ》があります。「巨人《きょじん》の〈西《にし》〉にある〈海《うみ》（洋《よう》）〉」からという説《せつ》や、「ヨーロッパ」という意味《いみ》をもつ「泰西《たいせい》」が、のちに「大西《たいせい》」と書《か》かれるようになったという説《せつ》などがあります。

「大《だい》」と「太《たい》」のどちらを使《つか》えばよいかまよったら、これらのことばがどのようにしてできたかを思《おも》い出《だ》してみましょう。

よい「セイセキ」を残《のこ》すのはどっち？

～積《せき》と績《せき》～

「一学期《がっき》のセイセキをかくにんする。」

と書《か》くとき、正《ただ》しいのは「成積《せいせき》」と「成績《せいせき》」のどちらでしょうか。

まずは「積《せき》」と「績《せき》」に共通《きょうつう》している、「責《せき》」について見《み》ていきましょう。「責《せき》」の上《うえ》の部分《ぶぶん》は、もともとは「朿（し）」という形《かたち》で、先《さき》がギザギザになっているとげを表《あらわ》しています。下《した》の「貝《かい》」は、お金《かね》や、お金《かね》の代《か》わりになるような品物《しなもの》のことを表《あらわ》します。

「お金《かね》がギザギザである」というところから、「お金《かね》がそろっていない」となり、「らんぼうにつみあげられた借金《しゃっきん》がたくさんある」という意味《いみ》を表《あらわ》すようになりました。さらにそこから、「借金《しゃっきん》を返《かえ》してくれるよう、せめる」という意味《いみ》ももっています。

この「責《せき》」が、「積《せき》」や「績《せき》」の字《じ》の一部《いちぶ》として使《つか》われるときは、主《おも》に「つみあげる」という意味《いみ》を表《あらわ》します。

「積《せき》」の部首《ぶしゅ》に当《あ》たる「禾（のぎへん）」は、イネなどの作物《さくもつ》に関《かん》係《けい》する意味《いみ》を表《あらわ》します。これと「責《せき》」を合《あ》わせて、「かりとったイネをきちんとそろえずに、ざっとつんでおく」という意味《いみ》になり、それが「重《かさ》ねておく」という意味《いみ》で使《つか》われるようになりました。

また、「績《せき》」の部首《ぶしゅ》に当《あ》たる「糸（いとへん）」は、糸《いと》やおり物《もの》などに関係《かんけい》する意味《いみ》を表《あらわ》します。それに「責《せき》」を合《あ》わせた「績《せき》」は、

「糸《いと》をつむぎ、それをていねいにつみ重《かさ》ねて、布《ぬの》をおっていくようす」を表《あらわ》しました。布《ぬの》をおるのは、イネをざっとつんでおくのとちがい、すぐにできる仕事《しごと》ではありません。正《ただ》しい順番通《じゅんばんどお》りに、糸《いと》を少《すこ》しずつつむぎあげていく必要《ひつよう》があります。そこから、「学問《がくもん》や仕事《しごと》などをつみ重《かさ》ねてできた結果《けっか》」という意味《いみ》をもつようになったのです。

ですから、「セイセキ」は「成績《せいせき》」と書《か》くのが正《ただ》しいのですね。

漢字《かんじ》七変化《しちへんげ》③

ちがう読《よ》み方《かた》があるよくばりな熟語《じゅくご》

野球《やきゅう》のクラブチームで活《かつ》やくしている少年《しょうねん》は、町《まち》に有名《ゆうめい》な野球選《やきゅうせん》手《しゅ》が、やってくることを知《し》りました。

少年《しょうねん》は、ずっと前《まえ》からその選手《せんしゅ》の大《だい》ファンです。何《なん》としてもサインをもらいたいと思《おも》い、おつかいに行《い》く妹《いもうと》に「色紙買ってきて」というメモをわたしました。ところが、帰《かえ》ってきた妹《いもうと》がわたしてくれたのは、色《いろ》とりどりの折《お》り紙《がみ》。

「色紙《しきし》がなかったの？」

と、ちょっとおこって少年《しょうねん》が聞《き》くと、妹《いもうと》は、

「えっ、色紙《いろがみ》って書《か》いてたじゃない。」

と答《こた》えました。

このように、同《おな》じ漢字《かんじ》の熟語《じゅくご》でも、ちがう読《よ》みをもつものがあります。これらは読《よ》みがちがうと、意味《いみ》も変《か》わってしまうのです。

「色紙《しきし》」は、本来《ほんらい》和歌《わか》や俳句《はいく》を書《か》くときなどに使《つか》う、あつみのある紙《かみ》をさします。今《いま》では、有名人《ゆうめいじん》にサインを書《か》いてもらったり、みんなでよせ書《が》きしたりするときにも使《つか》いますね。まったく同《おな》じ漢字《かんじ》で

すが、これを「色紙《いろがみ》」と読《よ》むと、さまざまな色《いろ》にそめられた、折《お》り紙《がみ》などをさすのです。

このような熟語《じゅくご》は、ほかにもあります。

たとえば「紅葉《こうよう》」は、秋《あき》になって葉《は》があかくなることを意味《いみ》しますが、「紅葉（もみじ）」と読《よ》むと、かえでの葉《は》っぱを表《あらわ》します。

また、秋《あき》になるとおうぎ形《がた》

の葉《は》が黄色《きいろ》くそまる「いちょう」は、漢字《かんじ》で「銀杏《いちょう》」と書《か》きます。銀杏《いちょう》の実《み》を何《なん》というか知《し》っていますか。

答《こた》えは「ぎんなん」です。じつは「銀杏《いちょう》」は、同《おな》じ漢字《かんじ》で「銀《ぎん》杏《なん》」と読《よ》むこともできるのです。

「最中《さいちゅう》」は、「お花見《はなみ》シーズンの真《ま》っ最中《さいちゅう》」のように、何《なに》かがさかんに行《おこな》われているときのことをいいますが、あんこが入《はい》った「最《も》中《なか》」もこう書《か》きます。

「生物《せいぶつ》」は、植物《しょくぶつ》から動物《どうぶつ》まで、広《ひろ》く生《い》き物《もの》のことをさしますが、「生物《なまもの》」となると、火《ひ》を通《とお》していない魚《さかな》や肉《にく》などを意味《いみ》するようになりますね。

「人気《にんき》」は、「このしせつは人気《にんき》がない」のように、ひょうばんを表《あらわ》す意味《いみ》で使《つか》いますが、同《おな》じ文《ぶん》でも「このしせつは人気《ひとけ》がない」と読《よ》むと、人《ひと》がいないという意味《いみ》に変《か》わってしまうのです。

このように、ちがう読《よ》み方《かた》をもつ熟語《じゅくご》は、気《き》をつけないと読《よ》む人《ひと》に誤解《ごかい》をあたえてしまう場合《ばあい》があります。

どちらが正《ただ》しいかを見分《みわ》けるには、前後《ぜんご》の文《ぶん》をよく読《よ》んだり、そのときの周囲《しゅうい》のようすに注意《ちゅうい》したりして、どちらの意味《いみ》がふさわしいかをよく考《かんが》えるといいですよ。

ことばの由来《ゆらい》③

七輪《しちりん》

「七輪《しちりん》」ってどんなものか、知《し》っていますか。七輪《しちりん》の上《うえ》にかなあみをのせ、魚《さかな》やもちを焼《や》いているところを、見《み》たことがある人《ひと》もいるかもしれません。

七輪《しちりん》というのは、土《つち》でつくられたコンロのことです。炭《すみ》を使《つか》って、ガスや電《でん》気《き》のコンロと同《おな》じように、料理《りょうり》に使《つか》うことができます。

七輪《しちりん》はもともと、「七厘《しちりん》」と書《か》かれていました。「厘《りん》」というのは、昔《むかし》のお金《かね》の単位《たんい》です。十厘《りん》が一銭《せん》で、百銭《ひゃくせん》が一円《えん》でしたから、一円《えん》は千厘《せんりん》ということになります。

このコンロは小《ちい》さいのに火力《かりょく》が強《つよ》く、少《すこ》しの量《りょう》の炭《すみ》で調理《ちょうり》をすることができ

ました。それで、「七厘分《りんぶん》のねだんの炭《すみ》ですむ。」と言《い》われるようになり、そこから「七厘《しちりん》」とよばれるようになったのです。昔《むかし》の人《ひと》は「これならあまりお金《かね》がかからなくてお得《とく》。」と思《おも》って使《つか》っていたのですね。「厘《りん》」の字《じ》が、のちになって「輪《りん》」に変《か》わったのは、七輪《しちりん》の形《かたち》が丸《まる》いので、丸《まる》い形《かたち》を表《あらわ》す漢字《かんじ》の「輪《りん》」が使《つか》われたと言《い》われています。

七輪《しちりん》は、江戸時代《えどじだい》からつくられていたという説《せつ》があります。ただし、「厘《りん》」というお金《かね》の単位《たんい》ができたのは明治時代《めいじじだい》のことですから、もともとは別《べつ》の名前《なまえ》でよばれていたのかもしれません。

もち運《はこ》びができ、野外《やがい》での調理《ちょうり》ができる便利《べんり》さから、今《いま》でも使《つか》われ続《つづ》けています。今《いま》あるものも、江戸時代《えどじだい》に使《つか》われていたものから、ほぼ形《かたち》が変《か》わっていないと言《い》いますから、昔《むかし》の人《ひと》の発想《はっそう》のすごさにおどろかされますね。

人《ひと》や生《い》き物《もの》にかかわる漢字《かんじ》

人《ひと》のすがたからできた漢字《かんじ》？

～人《ひと》、北《きた》、比《ひ》～

「人（ひと・にん・じん）」という字《じ》は、人《ひと》のあるすがたをもとにしてできました。どんなすがたか知《し》っていますか。

答《こた》えは、人《ひと》が立《た》っているすがたです。しかも、正面《しょうめん》からではなく、横《よこ》から見《み》たようすをもとにして、この字《じ》が生《う》まれま

した。

ほかにも、人《ひと》のすがたからできた字《じ》がいくつかあります。「北（きた・ほく）」という字《じ》もそうです。この字《じ》には、「人（ひと）」が二人《ふたり》もかくれています。向《む》かって左《ひだり》がわの「ヒ」も、右《みぎ》がわの「ヒ（ひ）」も、どちらも人《ひと》のすがたを表《あらわ》しています。

この二人《ふたり》は、おたがい背中《せなか》を向《む》けあっています。そこから、「そむく」という意味《いみ》を表《あらわ》すようになり、やがて「戦《たたか》いに敗《やぶ》れて、背《せ》を向《む》けてにげる」という意味《いみ》ももつようになりました。

また、人《ひと》は、あたたかくて明《あか》るい南《みなみ》の方《ほう》を向《む》くことが好《す》きなため、背中《せなか》を向《む》けている方《ほう》が、反対《はんたい》がわの北《きた》になることから、「きた」という意味《いみ》ももっています。

「背（せ・はい）」という字《じ》は、この「北《きた》」と、体《からだ》の肉《にく》を表《あらわ》す「月（にくづき）」からできているので、「せなか」や「そむく」という意味《いみ》をもっているのです。

「比（ひ）」も、人《ひと》のすがたからできた字《じ》です。この字《じ》は「北《きた》」とちがって、向《む》かって左《ひだり》がわの「ヒ」と、右《みぎ》がわの「ヒ（ひ）」が、同《おな》じ方《ほう》を向《む》いてならんでいる人《ひと》を表《あらわ》しています。二人《ふたり》がならんでいるすがたから、「くらべる」「ならべる」という意味《いみ》をもつようになりました。

「人《ひと》」も「北《きた》」も「比《ひ》」も、人《ひと》のすがたをもとにしてできた漢字《かんじ》なのに、それぞれ形《かたち》がちがうのがおもしろいですね。

もともとは手《て》からできた漢字《かんじ》？
～手《て》、右《みぎ》、左《ひだり》～

「手（て）」という字《じ》は、五本《ほん》の指《ゆび》を広《ひろ》げたときの手《て》の形《かたち》をもとにしてできました。自分《じぶん》の手《て》と「手《て》」という字《じ》をよく見《み》くらべてみると、たしかに似《に》ているような気《き》がしてきませんか。

「手《て》」をかんたんに書《か》いたものが「扌（てへん）」で、「指《ゆび》」や「持《じ》」などの、手《て》そのものや手《て》の動作《どうさ》に関係《かんけい》する字《じ》の部首《ぶしゅ》になっています。

また「手《て》」は、「扌（てへん）」とはちがう形《かたち》で、ほかの漢字《かんじ》の一部《いちぶ》になっていることがあります。

「右《みぎ》」もその一《ひと》つです。「右《みぎ》」は、「ナ」と「口（くち・くちへん）」からできた字《じ》ですが、この「ナ」が右手《みぎて》を表《あらわ》しているのです。口《くち》をおおったり、はしをもってごはんを口《くち》まで運《はこ》んだりと、何《なに》かと口《くち》とかかわることの多《おお》い右手《みぎて》を表《あらわ》したところから、やがて「右《みぎ》」を意味《いみ》するようになったと言《い》われています。

「左《ひだり》」は、「ナ」と「工（こう）」からで

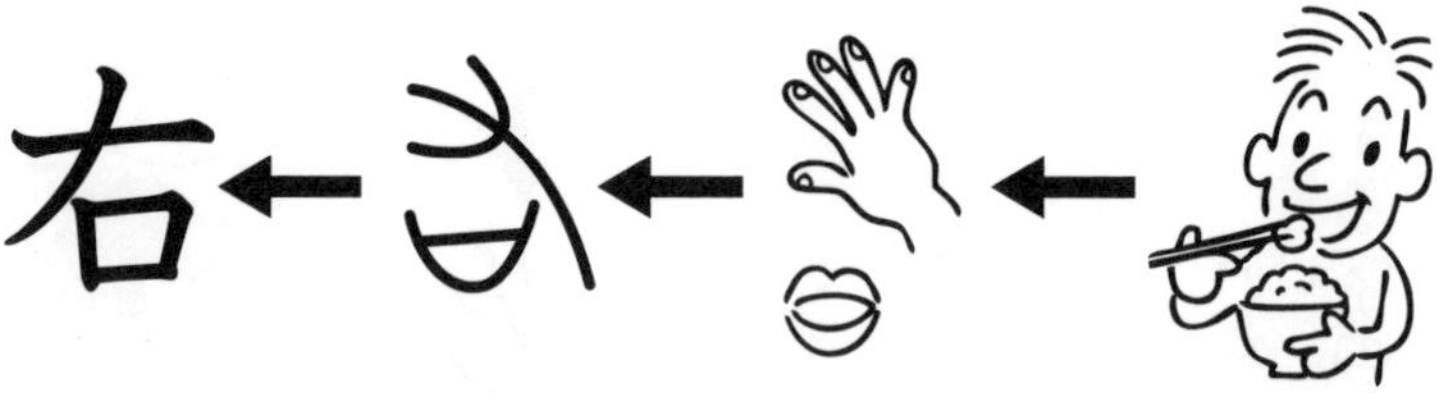

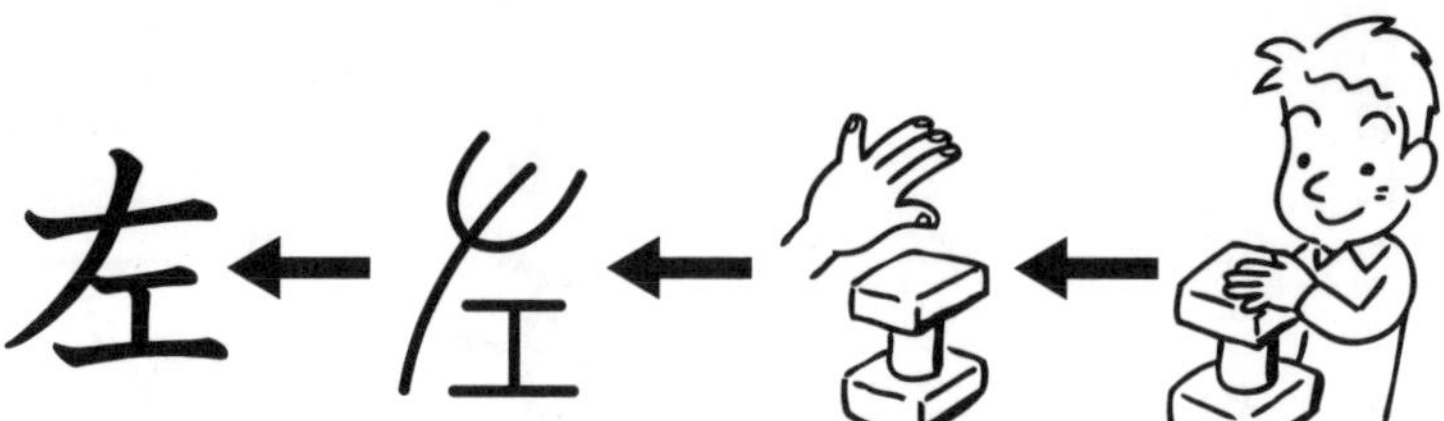

きています。この「ナ」は、「右《みぎ》」の「ナ」と同《おな》じ形《かたち》をしていますが、今度《こんど》は左手《ひだりて》を表《あらわ》しています。「工（こう）」は、何《なに》かをつくるときに使《つか》う「工具《こうぐ》」を表《あらわ》しています。そこから、「工具《こうぐ》をもつ左手《ひだりて》」となり、やがて「左《ひだり》」を意味《いみ》するようになったと言《い》われています。

この「右《みぎ》」と「左《ひだり》」には、ほかの説《せつ》もあります。「右《みぎ》」にある「口（くち・くちへん）」が、神《かみ》さまにいのりをささげるときのことばを入《い》れる入《い》れ物《もの》で、「左《ひだり》」の「工（こう）」が、神《かみ》さまにいのるときにもつ道具《どうぐ》だという説《せつ》です。神《かみ》さまにつかえる人《ひと》が、右手《みぎて》にこの入《い》れ物《もの》をもち、左手《ひだりて》にこの道具《どうぐ》をもったところから、やがて「右《みぎ》」と「左《ひだり》」を表《あらわ》すようになったと言《い》われています。

いずれにしても、「右《みぎ》」と「左《ひだり》」は、右手《みぎて》と左手《ひだりて》をもとにしてできた漢字《かんじ》なのですね。

止《と》まるも進《すす》むも足《あし》しだい？
～足《あし》、止《し》、歩《ほ》、走《そう》～

「足（あし・あしへん）」という字《じ》は、人《ひと》のひざから下《した》の部分《ぶぶん》の形《かたち》をもとにしてできました。

ほかにも、人《ひと》の足《あし》の形《かたち》からできた字《じ》があります。

「止（し）」もその一《ひと》つです。一

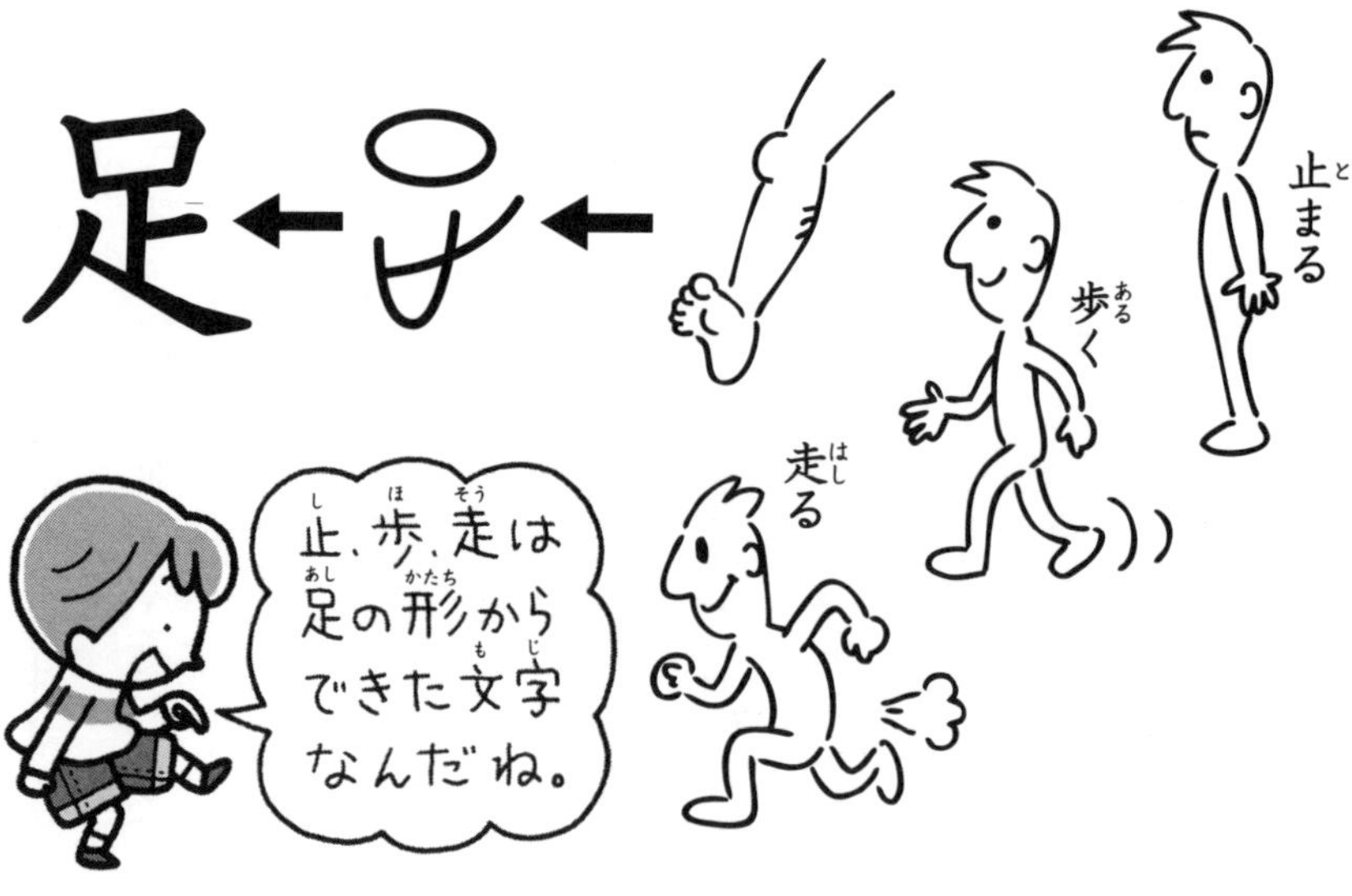

か所《しょ》に立《た》ち止《ど》まって動《うご》かない足《あし》の形《かたち》をもとにしてできました。立《た》ち止《ど》まるというのは、進《すす》むのをやめることですから、そこから「やめる」という意味《いみ》ももつようになったのです。

また、「歩（ほ）」も足《あし》に関係《かんけい》する形《かたち》からできた字《じ》です。これは、右足《みぎあし》と左足《ひだりあし》の足《あし》あとをもとにしてできました。右足《みぎあし》と左足《ひだりあし》とをたがいちがいにふみ出《だ》すところから、「あるく」という意味《いみ》を表《あらわ》すようになったのですね。

それでは、「走（そう）」はどうでしょう。

これも、やはり足《あし》と関係《かんけい》がある字《じ》です。「走《そう》」は、「夭（よう）」と「止《し》」または、「大《だい》」と「止《し》」からできています。「夭《よう》」は、人《ひと》が走《はし》るすがたを表《あらわ》しています。また「大《だい》」は両手《りょうて》をふる形《かたち》を表《あらわ》します。

つまり「走《そう》」は、足《あし》を使《つか》って走《はし》る動作《どうさ》を表《あらわ》しているのです。

さて、「足《あし》」のほかにも「あし」と読《よ》む漢字《かんじ》があります。「脚（あし・きゃく）」という字《じ》です。「脚《あし》」の部首《ぶしゅ》は、人《ひと》の体《からだ》や肉《にく》に関係《かんけい》する意味《いみ》を表《あらわ》す「月（にくづき）」です。これに、「ひざを使《つか》って後《うし》ろにしりぞく」という意味《いみ》をもつ「却（きゃく）」を合《あ》わせて、「あし」や「ものの下《した》について、ささえる部分《ぶぶん》」という意味《いみ》を表《あらわ》すようになったのです。

「脚《あし》」は、「テーブルの脚《あし》」のように、人《ひと》や動物《どうぶつ》でないものに使《つか》うことが多《おお》いのですが、「あしの力《ちから》」について言《い》うときは「脚力《きゃくりょく》」と書《か》きます。ただし、「あしの速《はや》さ」や「あしの長《なが》さ」について言《い》うときは、「足《あし》」を書《か》くのがふつうなので気《き》をつけましょう。

目《め》をたてにしてじっと見《み》る？

～目《め》、見《けん》、相《そう》～

あなたの目《め》は、どんな形《かたち》をしていますか。

紙《かみ》を用意《ようい》して、絵《え》にかいてみてください。

かき終《お》わったら、その紙《かみ》を動《うご》かして、横長《よこなが》の目《め》をたてにしてみて

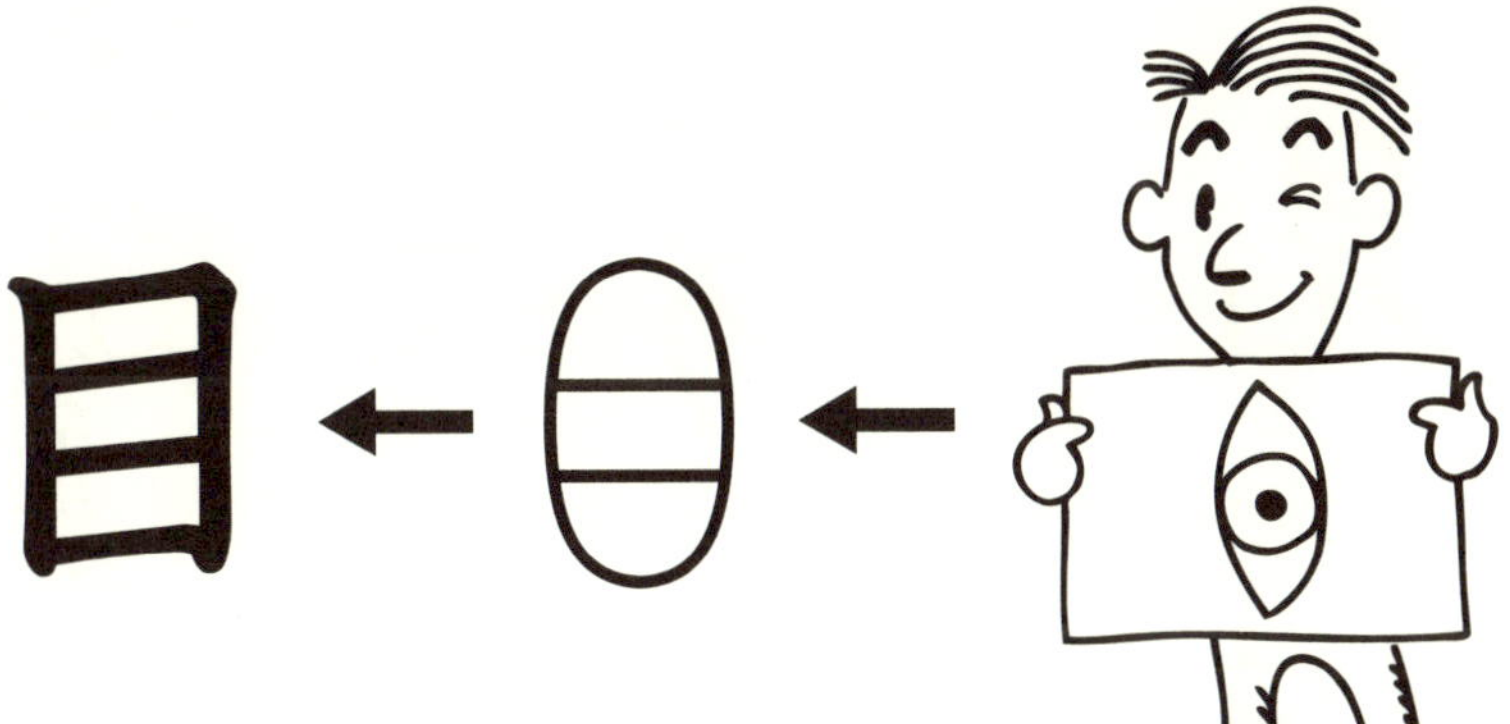

ください。

あなたが見《み》ているその形《かたち》から、「目（め）」という漢字《かんじ》ができたのです。

「目《め》」は、「見《けん》」という字《じ》にもかくれています。

「見（けん）」は、「目《め》」と「儿」からできた字《じ》です。「儿（にんにょう・ひとあし）」は、人《ひと》を表《あらわ》します。つまり「見《けん》」は、「人《ひと》が目《め》でみること」という意味《いみ》をもつのです。ちなみに、「見《けん》」の部首《ぶしゅ》は

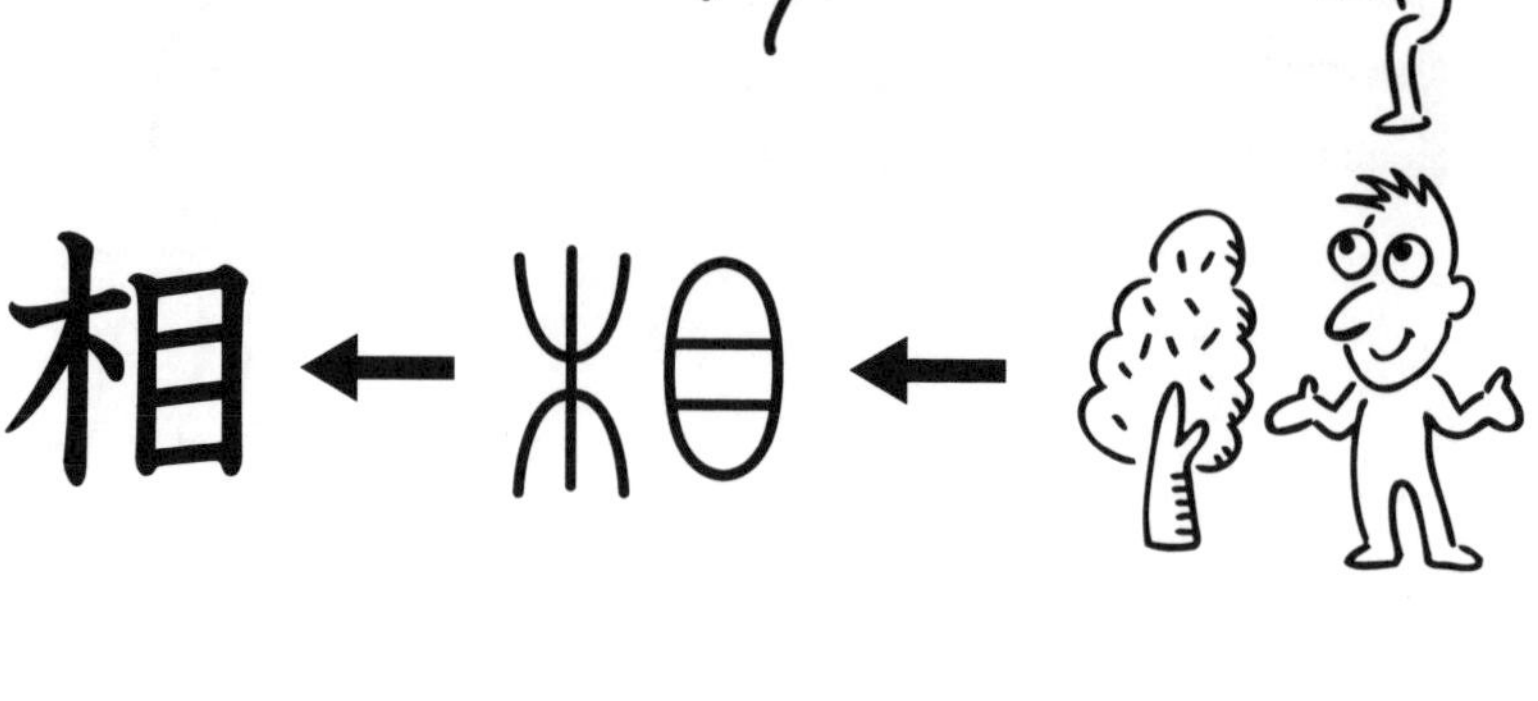

「目《め》」ではなく，「見（みる）」です。

「相（そう）」という字《じ》にも、「目《め》」がかくれていますね。

「相《そう》」は、「木《き》」と「目（め）」からできた字《じ》です。もともとは、「木《き》」を「目《め》」でじっと見《み》るというところから、「よく見《み》る」という意味《いみ》をもつのです。そこから、「すがた」や「形《かたち》」という意味《いみ》ももつようになり、「すがたや形《かたち》をよく見《み》る」というところから、「うらなう」という意味《いみ》ももつようになったのです。さらに、「あいてに向《む》き合《あ》う」というところから、「たがいに」や「たすける」という意味《いみ》ももっています。

また、「相《そう》」には「大臣《だいじん》」という意味《いみ》もあります。この意味《いみ》で使《つか》うときは、「首相《しゅしょう》」のように「しょう」と読《よ》みます。「しゅそう」と読《よ》まないように注意《ちゅうい》しましょう。

犬《いぬ》がとっても苦手《にがて》な字《じ》？
～犬《いぬ》、然《ぜん》、燃《ねん》～

「犬（いぬ）」という字《じ》は、犬《いぬ》のすがたをもとにしてつくられました。

犬《いぬ》は、昔《むかし》の人《ひと》びとにとって身近《みぢか》な動物《どうぶつ》でした。今《いま》でもそうですね。

あなたも犬《いぬ》の鳴《な》き声《ごえ》を聞《き》いたこと

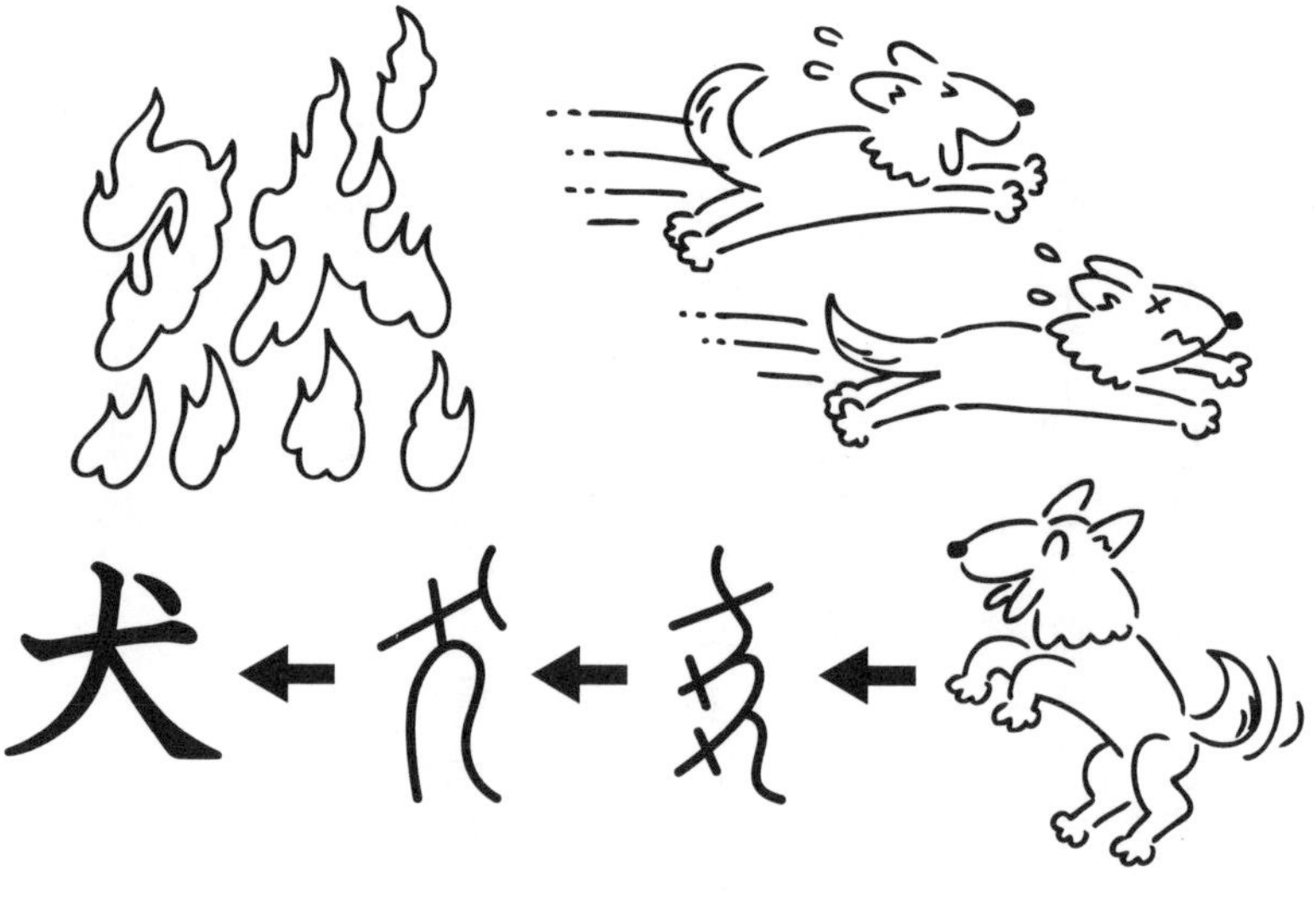

があるでしょう。どんなふうに鳴《な》いていましたか。

今《いま》の日本では、犬《いぬ》の鳴《な》き声《ごえ》というと、「ワンワン」と表《あらわ》されることが多《おお》いですね。ところが、昔《むかし》の人《ひと》には「ケンケン」と聞《き》こえていたようです。それで、「犬《いぬ》」という字《じ》は「ケン」とも読《よ》むのです。

犬《いぬ》に関係《かんけい》する意味《いみ》をもつ字《じ》は、「然（ぜん）」「燃（ねん）」のように「犬《いぬ》」がそのままかくれているものや、「独（どく）」や「犯（はん）」のように、「犭（けものへん）」がついているものがあります。

さて、「然《ぜん》」や「燃《ねん》」に「犬《いぬ》」がかくれているのはなぜでしょう。ふしぎではありませんか。

「然《ぜん》」は、「その通《とお》り」という意味《いみ》をもつ字《じ》です。この字《じ》は「夕」と「犬《いぬ》」と「灬（れっか・れんが）」からできていますね。「夕」は肉《にく》を表《あらわ》します。また「灬（れっか・れんが）」は、火《ひ》で焼《や》くことを表《あらわ》します。つまり、「然《ぜん》」は「犬《いぬ》の肉《にく》を火《ひ》で焼《や》く」という意味《いみ》を表《あらわ》し、そこから「もやす」や「もえる」という意味《いみ》をもつようになったのです。

それでは、「然《ぜん》」にさらに「火（ひへん）」がついて、「もやす」や「もえる」の意味《いみ》をもつ「燃《ねん》」があるのは、なぜでしょう。

じつは、「然《ぜん》」が「もやす」という意味《いみ》のほかに、「その通《とお》り」という意味《いみ》で使《つか》われることが多《おお》くなったために、「火（ひへん）」をつけた「燃《ねん》」のほうで、「もやす」という意味《いみ》を表《あらわ》すことにしたからなのです。

犬《いぬ》にとっては、「然《ぜん》」も「燃《ねん》」も、とってもこわい字《じ》なのですね。

角《つの》があるからつき出《だ》す字《じ》？
～牛《うし》、午《ご》、解《かい》、特《とく》～

「牛（うし・ぎゅう）」という字《じ》は、角《つの》があるうしの頭《あたま》の形《かたち》をもとにしてつくられました。

「牛《うし》」とよく似《に》た字《じ》に、「午前《ごぜん》」「午後《ごご》」などで使《つか》われる「午《ご》」がありますね。この字《じ》はもともと、おもちをつくきねの形《かたち》からできたものですが、えとを表《あらわ》す「十二支《じゅうにし》」だ

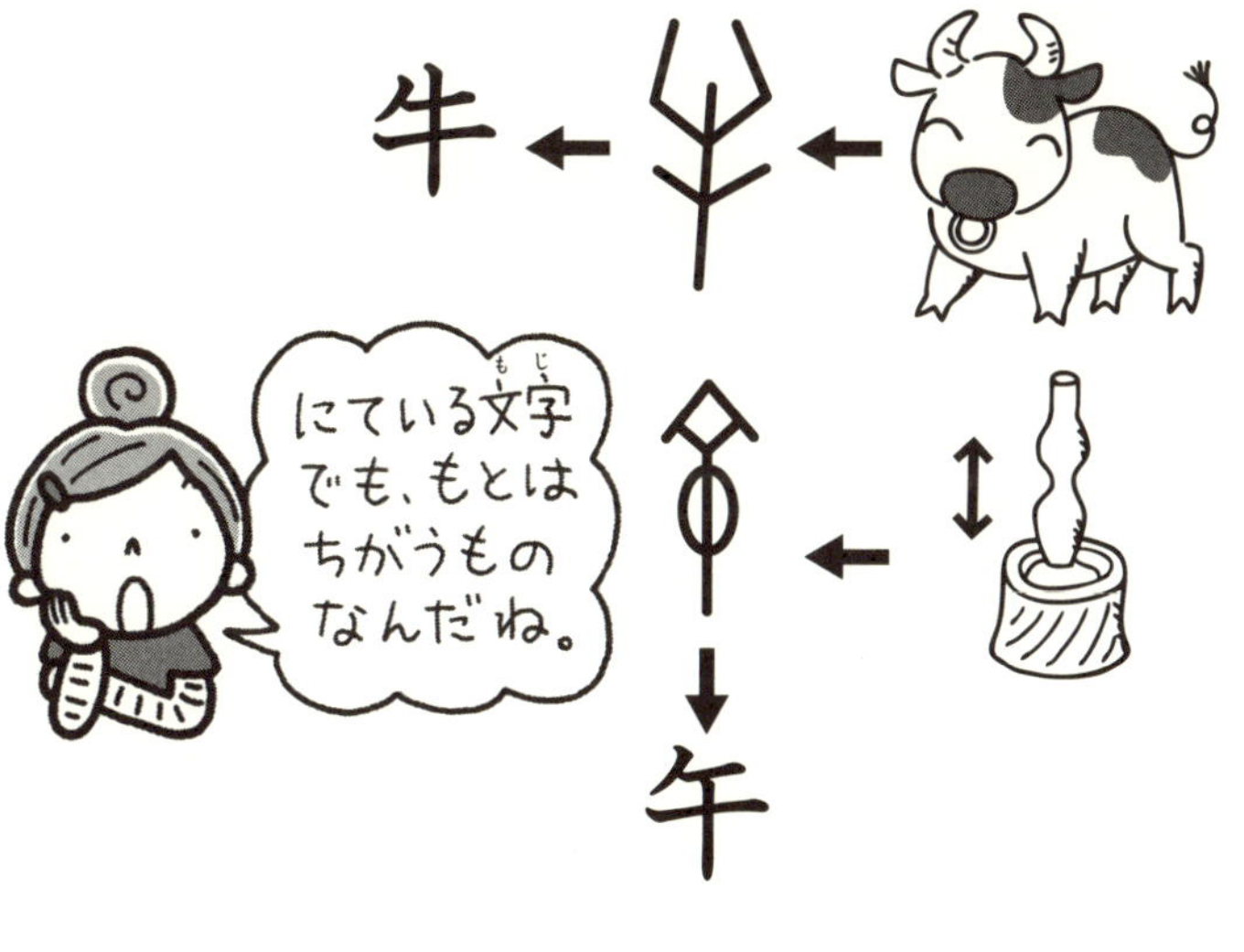

と、「午《ご》」と書《か》いて「うま」という意味《いみ》を表《あらわ》します。「十二支《じゅうにし》」には「うし」もありますが、このときは「丑《うし》」という字《じ》を使《つか》います。「牛《ぎゅう》」と「午《ご》」はまぎらわしいですが、「うしには角《つの》があるから、たて棒《ぼう》をつき出《だ》す」と覚《おぼ》えておきましょう。

さて、牛《うし》もそのままの形《かたち》や、「牜（うしへん）」という部首《ぶしゅ》になって、ほかの漢字《かんじ》にかくれていることがあります。

「解（かい・とく）」という字《じ》にも「牛《うし》」がありますね。この字《じ》は、「角（つの・かく・つののへん）」と「刀（とう・かたな）」と「牛《ぎゅう》」からできていて、「牛《うし》の角《つの》や

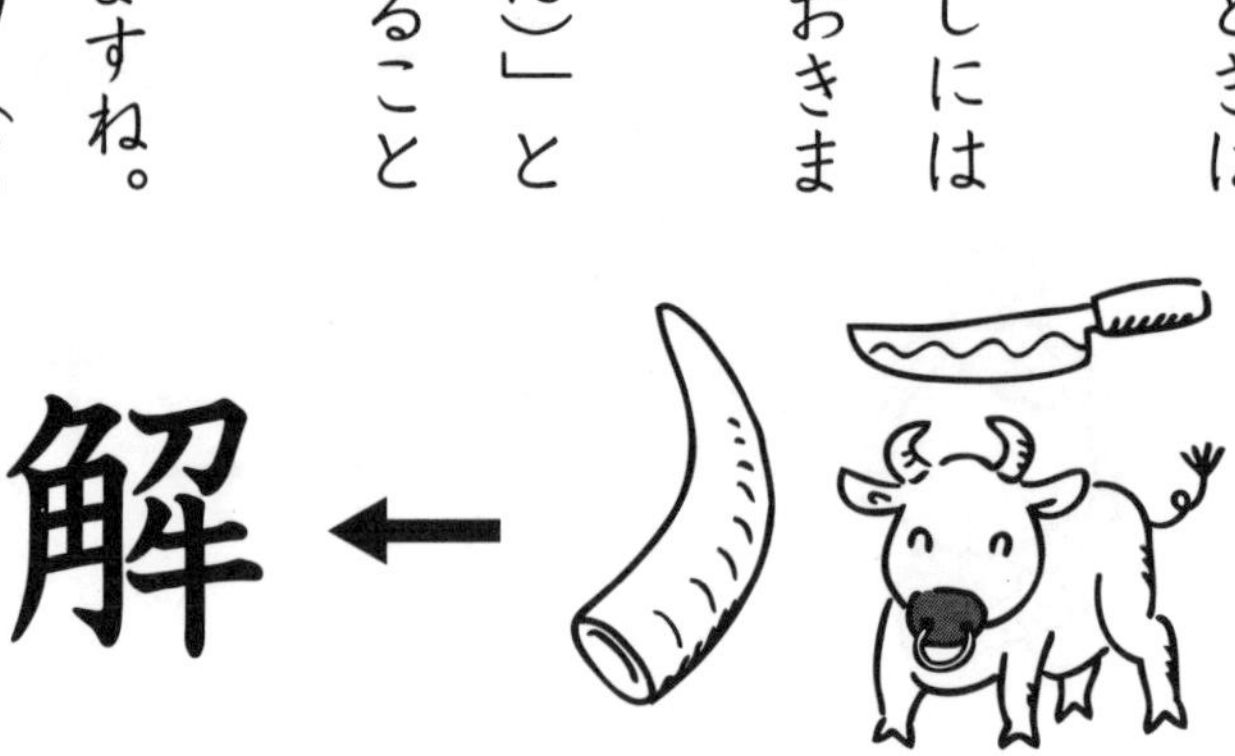

体《からだ》を、刀《かたな》を使《つか》ってバラバラに切《き》ること」を表《あらわ》します。そこから、ものをバラバラにすることや、かたまりをほぐすことを表《あらわ》すようになり、「とく」や「といて理解《りかい》する」という意味《いみ》ももつようになりました。

それでは、「特（とく）」という字《じ》が「牛（うしへん）」なのはなぜでしょう。

「特《とく》」は、「牛《うし》」と「寺《てら》」からできた字《じ》です。「寺《てら》」は、「一つのところにじっととどまる」という意味《いみ》をもちます。そこで、「特《とく》」は、たくさんいる牛《うし》の中《なか》でも、どっしりととどまっていて動《うご》かない、目立《めだ》つ牛《うし》のことを表《あらわ》すようになりました。そこから、「とりわけ」という意味《いみ》をもつようになったのです。

「馬《うま》」がつくのは昔《むかし》のなごり？

～馬《うま》、駅《えき》～

「馬（うま・ば）」という字《じ》も、馬《うま》の形《かたち》をもとにしてつくられました。また、この字《じ》も、そのままの形《かたち》や、「馬（うまへん）」という部《ぶ》首《しゅ》になって、さまざまな漢字《かんじ》にかくれています。

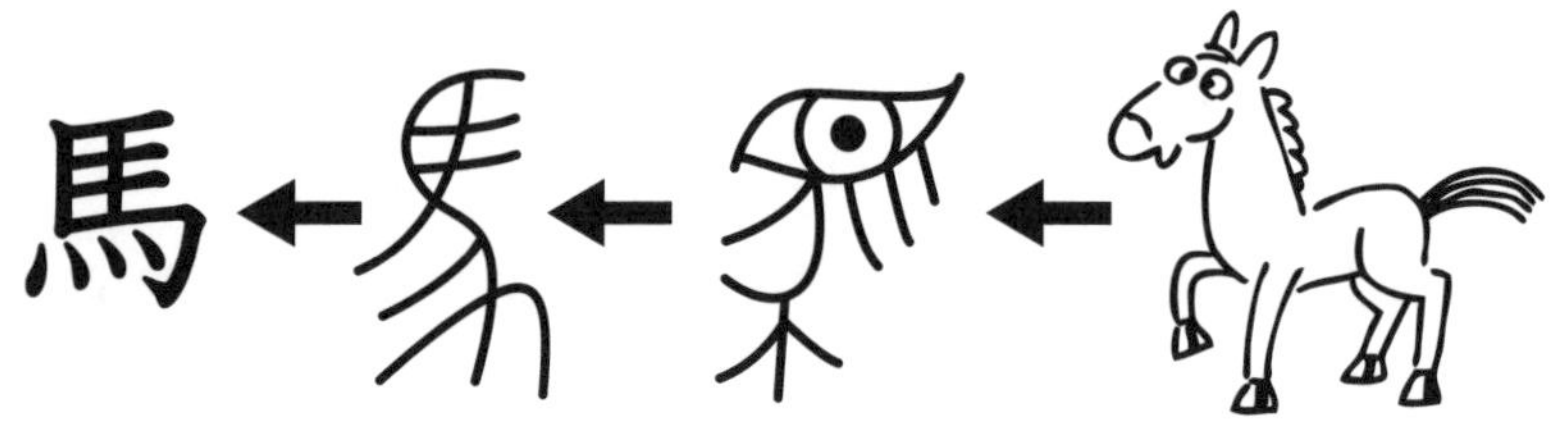

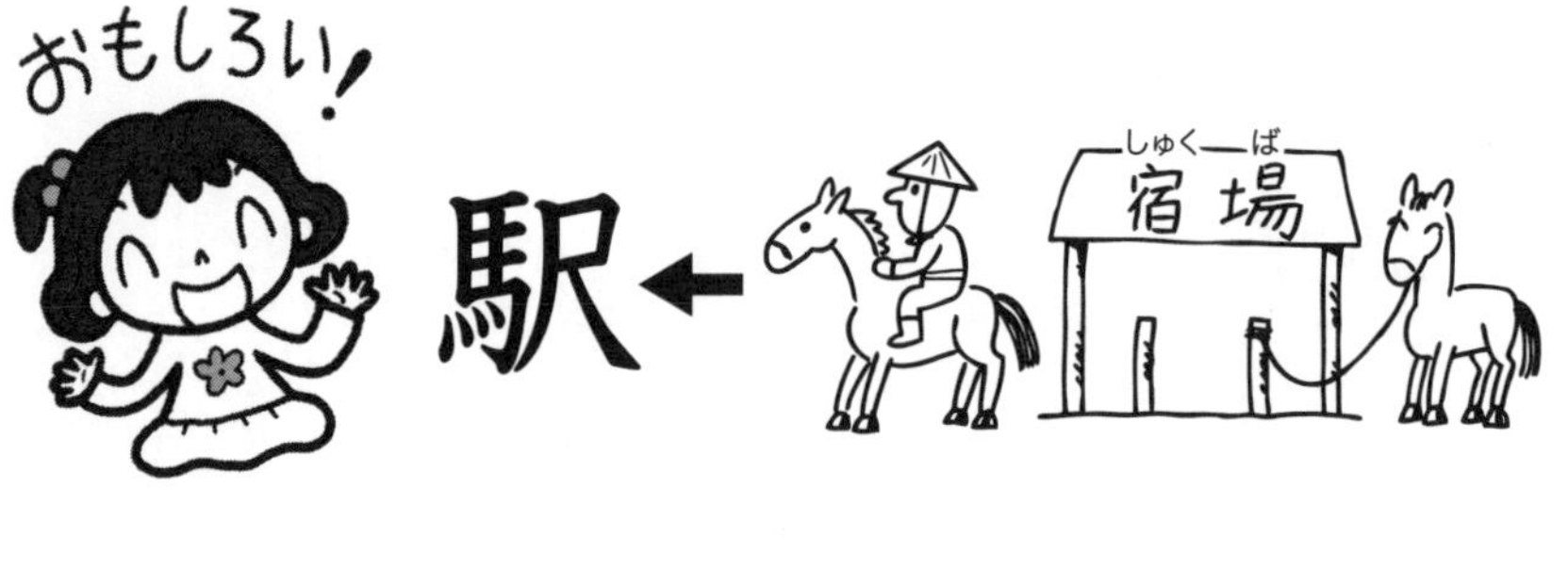

「駅（えき）」という漢字《かんじ》にも、「馬（うまへん）」が使《つか》われています。「駅《えき》」は電車《でんしゃ》がとまるところなのに、なぜ「馬《うま》」に関係《かんけい》することを表《あらわ》す「馬（うまへん）」が部首《ぶしゅ》なのか、ふしぎではありませんか。

「駅《えき》」の「尺（せき・しゃく）」の部分《ぶぶん》は、もともと「睪（えき）」と書《か》かれていました。これは「つながる」や「とりかえる」という意味《いみ》を表《あらわ》しています。電車《でんしゃ》がまだなかった時代《じだい》は、人《ひと》びとは馬《うま》を使《つか》って移動《いどう》していました。

街道《かいどう》のところどころに「宿場《しゅくば》」という場所《ばしょ》があり、そこには馬《うま》がじゅんびしてありました。街道《かいどう》を旅《たび》する人《ひと》は、宿場《しゅくば》に着《つ》くと、これまで乗《の》ってきた馬《うま》を休《やす》ませ、新《あたら》しい馬《うま》に乗《の》りかえて、さらに先《さき》をめざしたのです。

つまり、「駅《えき》」という字《じ》は、もともとは宿場《しゅくば》をさしていたのです。

それがやがて、今《いま》のように電車《でんしゃ》がとまるところという意味《いみ》をもつようになりました。

さて、たすきを受《う》けわたしながら、長《なが》いきょりを走《はし》るリレーのことを「駅伝《えきでん》」と言《い》いますね。「駅伝《えきでん》」は、もともとは「宿場《しゅくば》の馬《うま》」や、「宿場《しゅくば》から宿場《しゅくば》にかけて人《ひと》やものをとどける」という意味《いみ》を表《あらわ》していました。そこから、選手《せんしゅ》が交代《こうたい》でたすきをつないでいくレースを「駅伝競走《えきでんきょうそう》」と言《い》うようになり、それを短《みじか》くして「駅伝《えきでん》」とよぶようになったのです。

「貝《かい》」は大切《たいせつ》に使《つか》うもの？
〜貝《かい》、貨《か》、貯《ちょ》、貧《ひん》〜

海《うみ》へ遊《あそ》びに行《い》ったとき、すなはまで貝《かい》がらをさがしたことはありますか。きれいな貝《かい》がらをもち帰《かえ》って、たから物《もの》にした人《ひと》もいるでしょう。

「貝（かい）」という字《じ》は、二枚貝《にまいがい》の形《かたち》からできました。二枚貝《にまいがい》とは、おみそしるの中《なか》に入《はい》っているしじみやあさりのように、同《おな》じ形《かたち》のからが二枚重《にまいかさ》なって一《ひと》つになっている貝《かい》のことです。

「貝《かい》」が、「貝（かい・かいへん）」という部《ぶ》首《しゅ》になるとき、それがつく漢字《かんじ》は貝《かい》に関係《かんけい》する意味《いみ》を表《あらわ》すわけではありません。お金《かね》に関《かん》係《けい》する意味《いみ》を表《あらわ》します。それは、なぜでしょうか。

大昔《おおむかし》の人《ひと》びとは、ものを売《う》ったり買《か》ったりするとき、貝《かい》をお金《かね》の代《か》わりに使《つか》っていたと言《い》われています。そこから、「貝《かい》」がお金《かね》にかかわる意味《いみ》をもつようになったのです。

たとえば、「貨（か）」は、かわるという意《い》味《み》の「化《か》」と、お金《かね》を表《あらわ》す「貝（かい・かいへん）」からできています。そこから、「さま

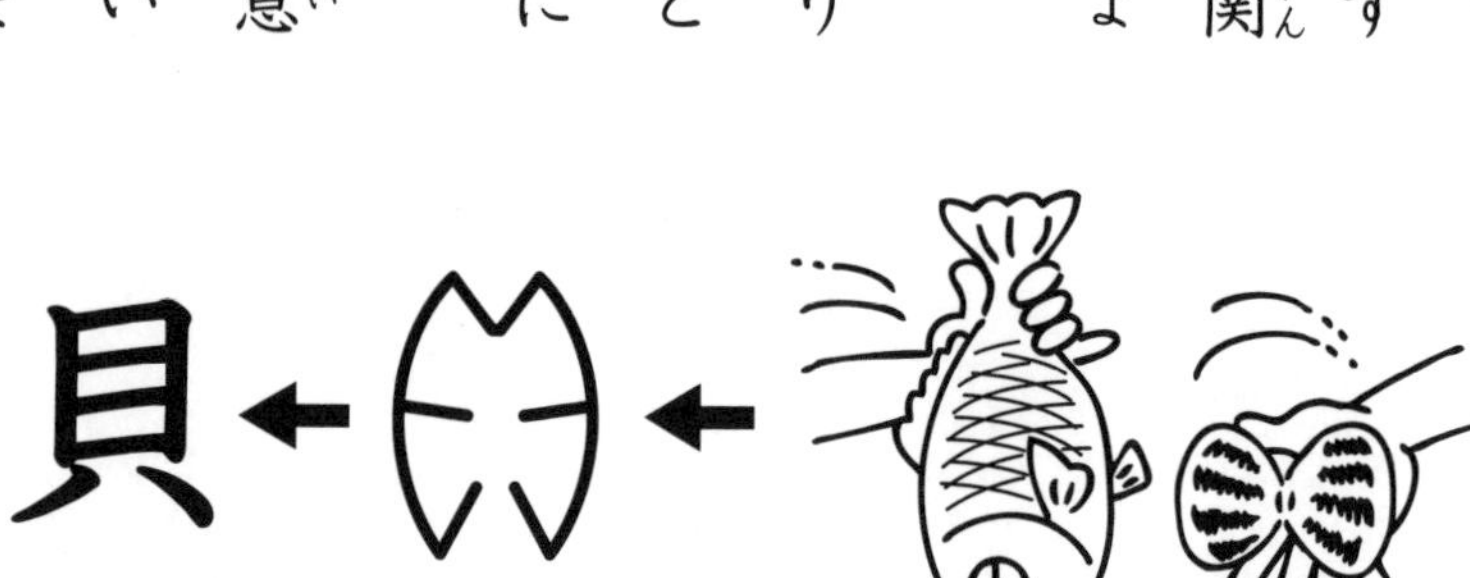

ざまなものにすがたを変《か》えることができるお金《かね》」となり、お金《かね》をはらって、いろいろなものを手《て》に入《い》れることを表《あらわ》しています。

「貯（ちょ）」という字《じ》の「宁（ちょ）」の部分《ぶぶん》は、四角《しかく》い箱《はこ》の形《かたち》を表《あらわ》していて、箱《はこ》の中《なか》にものをしまってたくわえるという意味《いみ》があります。「貝（かい・かいへん）」はお金《かね》をさすのでしたね。そこから、箱《はこ》の中《なか》にお金《かね》をしまってたくわえる意味《いみ》になったのです。

「貧（ひん）」は、「まずしい」という意味《いみ》をもちます。「分《ぶん》」の部分《ぶぶん》は、もともとは、刀《かたな》で切《き》って分《わ》けるという意味《いみ》を表《あらわ》しています。そこから、お金《かね》やものがバラバラにわかれて、少《すく》なくなるという意味《いみ》になったのです。

大切《たいせつ》なお金《かね》がバラバラになってしまわないよう、しっかり箱《はこ》に入《い》れて「貯《たくわ》えて」おきましょう。

漢字《かんじ》七変化《しちへんげ》④

一字《じ》ずつでは読《よ》めない熟語《じゅくご》

今日《きょう》は、年《ねん》に一度《いちど》のお祭《まつ》りの日《ひ》。この日《ひ》ばかりは、子《こ》どもだけでなく、大人《おとな》たちも朝《あさ》からわくわくしているようです。昔《むかし》の人《ひと》のかっこうをした行列《ぎょうれつ》が、「山車（だし）」を引《ひ》いてぞろぞろとねり歩《ある》きます。「山車《だし》」というのは、お祭《まつ》りのときに引《ひ》きまわす、きれいなかざりがついた車《くるま》のことです。

ところで、どうして「山《やま》」と「車《くるま》」で、「山車《だし》」と読《よ》むのでしょう。「山《やま》」や「車《くるま》」のどちらか片方《かたほう》だけでは、「だし」と読《よ》むことはできません。この二《ふた》つがくっついて熟語《じゅくご》になったときだけ、「だし」と読《よ》むことができるのです。

このように、二《ふた》つ以上《いじょう》の漢字《かんじ》を合《あ》わせて、一《ひと》つの意味《いみ》を表《あらわ》すことばのことを、「熟字《じゅくじ》」と言《い》います。また、それの訓読《くんよ》みを、「熟字訓《じゅくじくん》」と言《い》います。

もともとあった「だし」ということばに、「山車《だし》」という漢字《かんじ》を使《つか》うようになったのは、お祭《まつ》りのときに神《かみ》さまをまねくためにつくった小《ちい》さな山《やま》に、やがて車《くるま》がつけられたからだと言《い》われています。

さあ、祭《まつ》りばやしが近《ちか》づいてきま

した。「浴衣《ゆかた》」に着《き》がえて、山車《だし》を引《ひ》く行列《ぎょうれつ》を見《み》に行《い》きましょう。

この「浴衣《ゆかた》」も、じつは熟字《じゅくじ》です。

「ゆかた」は、もともと「ゆかたびら」とよばれていました。「かたびら」とは、裏地《うらじ》のついていない一枚《まい》の着《き》物《もの》のことで、湯上《ゆあ》がりに着《き》る「かたびら」のことを、「ゆかたびら」と言《い》いました。これをりゃくして、「ゆかた」と言《い》うようになったのです。入浴《にゅうよく》のときに着《き》るものという意味《いみ》から、「浴衣《ゆかた》」という漢字《かんじ》を使《つか》うよう

になったと言《い》われています。「山車《だし》」「浴衣《ゆかた》」と、お祭《まつ》りに関係《かんけい》がありそうな熟字《じゅくじ》をしょうかいしましたが、もちろん、ほかにもたくさんの熟字《じゅくじ》があります。

「百《ひゃく》」の後《あと》に「足《あし》」と書《か》いて、何《なん》と読《よ》むかわかりますか。答《こた》えは「百足《むかで》」です。足《あし》がたくさんある虫《むし》のことですね。

ほかにも、「小豆《あずき》」や「八百屋《やおや》」「果物《くだもの》」など、食《た》べ物《もの》にまつわる熟《じゅく》字《じ》もあります。

また、みなさんがよく使《つか》う「昨日《きのう》」「今日《きょう》」「明日《あした》」「今年《ことし》」なども熟字《じゅくじ》です。

「お父《とう》さん」「お母《かあ》さん」は熟字訓《じゅくじくん》です。「父《ちち》」「母《はは》」という字《じ》には、「とう」「かあ」という読《よ》みはないのです。でも、「お父《とう》さん」「お母《かあ》さん」というときだけ、この読《よ》みをもつのですね。

「熟字《じゅくじ》」や「熟字訓《じゅくじくん》」ということばがむずかしいので、子《こ》ども向《む》けの辞典《じてん》や教科書《きょうかしょ》では、「特別《とくべつ》な読《よ》み方《かた》」としている場合《ばあい》が多《おお》いようです。

ことばの由来《ゆらい》④

親《おや》子《こ》丼《どんぶり》

とつぜんですが、お料《りょう》理《り》教室《きょうしつ》を開《ひら》きます。今日《きょう》のメニューは「親《おや》子《こ》丼《どんぶり》」です。食《た》べたことはありますか。

まずはじめに、材料《ざいりょう》をしょうかいしましょう。欠《か》かせないのが、とり肉《にく》とたまごです。ほかには玉《たま》ねぎやみつばなどを用意《ようい》します。

最初《さいしょ》に、とり肉《にく》を玉《たま》ねぎといっしょにあまからくにます。そこに、といたたまごを流《なが》し入《い》れてかためて、みつばをちらします。これを、丼《どんぶり》にもったご飯《はん》の上《うえ》にのせたらできあがりです。

それにしても、なぜこの料理《りょうり》を「親《おや》子《こ》丼《どんぶり》」と言《い》うのでしょう。

ヒントは、材料《ざいりょう》にあります。とり肉《にく》とたまごは欠《か》かせないと言《い》いましたね。

もう、わかりましたか。

答《こた》えは、とり肉《にく》とたまごが親子《おやこ》の関係《かんけい》にあるからです。親子丼《おやこどんぶり》に使《つか》われるとり肉《にく》は、にわとりの肉《にく》です。また、たまごはにわとりが産《う》んだものです。だから、「親子《おやこ》」なのです。それを「丼《どんぶり》」にもったものだから、親子丼《おやこどんぶり》というのですね。

この「丼《どんぶり》」という漢字《かんじ》には、おもしろい説《せつ》があります。木《き》を組《く》み合《あ》わせてつくった井戸《いど》のふちの形《かたち》「井《せい》」に、もの「、」を投《な》げ入《い》れたところからできたというのです。また、井戸《いど》に投《な》げたものが水《みず》にしずむときに、「どぶん」や「どんぶり」という音《おと》を立《た》てたため、この読《よ》みになったとも言《い》われています。

さて、親子丼《おやこどんぶり》によく似《に》ていますが、とり肉《にく》のかわりに牛肉《ぎゅうにく》やぶた肉《にく》を使《つか》ったものを何《なん》というか知《し》っていますか。これらにもたまごが使《つか》われていますが、とり肉《にく》でなければ「親子《おやこ》」とは言《い》えません。ですから、これらは別名《べつめい》を「他人《たにん》丼《どんぶり》」と言《い》うのです。

季《き》節《せつ》にかかわる美《うつく》しい漢《かん》字《じ》

八十八日後《にちご》はどんな日《ひ》？

～八十八夜《はちじゅうはちや》～

日本語《ご》には、季節《きせつ》を表《あらわ》す美《うつく》しいことばがたくさんあります。世界《せかい》の国《くに》ぐにの中《なか》には、一年《ねん》中《じゅう》同《おな》じような気候《きこう》が続《つづ》くところもあります。それにくらべて日本は、春《はる》・夏《なつ》・秋《あき》・冬《ふゆ》の季節《きせつ》の

変化《へんか》が、とてもはっきりとしていますね。そのため、季節《きせつ》を表《あらわ》すことばがたくさん生《う》まれました。

「俳句《はいく》」という、日本ならではの短《みじか》い詩《し》があります。たった十七文《も》字《じ》で完成《かんせい》させなくてはならないのに、わざわざ季節《きせつ》を表《あらわ》すことばを入《い》れるという、*きまりがあるのです。このようなことばを「季語《きご》」と言《い》います。

「八十八夜《はちじゅうはちや》」ということばも、季語《きご》の一《ひと》つです。春夏秋冬《しゅんかしゅうとう》のうち、どの季節《きせつ》をさすことばだと思《おも》いますか。

「八十八夜《はちじゅうはちや》」には、「立春《りっしゅん》から数《かぞ》えて八十八日目《にちめ》の日《ひ》」という意味《いみ》があります。それでは、「立春《りっしゅん》」はいつごろをさすのでしょう。毎《まい》年《とし》、二月《がつ》三日《か》ごろに「おには外《そと》、福《ふく》は内《うち》」と言《い》って、豆《まめ》まきをしますね。その次《つぎ》の日《ひ》が「立春《りっしゅん》」で、こよみのうえでは、この日《ひ》から春《はる》

*きまり…俳句《はいく》には、季語《きご》を入《い》れない「無季俳句《むきはいく》」もある。

になると言《い》われています。そこから数《かぞ》えて八十八日目《にちめ》ですから、五月《がつ》の二日《か》から四日《か》のころ、ちょうどゴールデンウィークのあたりが、八十八夜《はちじゅうはちや》となります。つまり、八十八夜《はちじゅうはちや》は、春《はる》の終《お》わりごろという意味《いみ》を表《あらわ》す、春《はる》の季語《きご》なのです。

唱歌《しょうか》の「茶《ちゃ》つみ」という歌《うた》は、「夏《なつ》も近《ちか》づく八十八夜《はちじゅうはちや》」という歌詞《かし》ではじまります。この時期《じき》に、茶畑《ちゃばたけ》でお茶《ちゃ》の葉《は》をつんでいたことから、「八十八夜《はちじゅうはちや》」が登場《とうじょう》しているのです。まだ、この歌《うた》を聞《き》いたことがないという人《ひと》は、ぜひ家族《かぞく》や先生《せんせい》にたずねてみてください。有名《ゆうめい》な歌《うた》ですから、知《し》っている人《ひと》がたくさんいるはずですよ。

「五月雨式《さみだれしき》」ってどんな意味《いみ》?
~五月雨《さみだれ》~

夏休《なつやす》みの宿題《しゅくだい》を集《あつ》めています。先生《せんせい》がある児童《じどう》に、

「ドリルしか出《で》ていないぞ。日記《にっき》や工作《こうさく》はどうしたんだい。」

と聞《き》きました。すると、

「先生《せんせい》、ぼくは五月雨式《さみだれしき》で提出《ていしゅつ》します。」

と答《こた》えました。いったい、どういう意味《いみ》でしょう。

「五月雨《さみだれ》」は、昔《むかし》のこよみの五月《がつ》のころにふり続《つづ》く雨《あめ》のことを表《あらわ》したことばです。今《いま》のこよみだと、六月《がつ》のころをさすことになります。六月《がつ》のころにふり続《つづ》く雨《あめ》と言《い》えば、そう、「つゆ」のことですね。五月雨《さみだれ》は、つゆを表《あらわ》すことばなのです。

でも、この意味《いみ》では、「五月雨式《さみだれしき》で提出《ていしゅつ》する」というのが何《なん》のことかわかりませんね。じつは「五月雨《さみだれ》」には、もう一《ひと》つ意味《いみ》があります。つゆの時期《じき》の雨《あめ》が、いつまでもだらだらとふり続《つづ》くところから、一度《ど》ですまさずに、とぎれないよう何回《なんかい》かに分《わ》けて行《おこな》うことを、「五月雨《さみだれ》で」とか、「五月雨式《さみだれしき》で」と言《い》うようになったのです。

そこで、先生《せんせい》はこう言《い》いました。

「すでに宿題《しゅくだい》を終《お》わらせた友《とも》だちの顔《かお》を見《み》てみろ。五月晴《さつきば》れみたいだぞ。」

これは、先生《せんせい》に一本《ぽん》とられました。つゆの雨《あめ》がふり続《つづ》いている合《あ》い間《ま》に、よく晴《は》れた日《ひ》のことを「五月晴《さつきば》れ」と言《い》うのです（今《いま》では、つゆに関係《かんけい》なく、五月《がつ》のよく晴《は》れた日《ひ》のことを言《い》う場合《ばあい》もあります）。たしかに、みんなすっきりとした、いい顔《かお》をしていました。その顔《かお》を見《み》た本人《ほんにん》は、今度《こんど》から宿《しゅく》題《だい》は早《はや》く終《お》わらせることにしようと決意《けつい》したそうです。

二《ふた》つの行事《ぎょうじ》がまざってできた?
～七夕《たなばた》～

七月《がつ》七日《か》といえば、七夕《たなばた》です。毎年《まいとし》、短冊《たんざく》に願《ねが》いごとを書《か》いている人《ひと》も多《おお》いでしょう。

七夕《たなばた》といえば、おりひめとひこぼしのお話《はなし》がありますね。はたおりをしてぬのをおるのが上手《じょうず》なお

りひめは、天《てん》の神《かみ》さまでもあるお父《とう》さんのはからいで、はたらきもの の牛使《うしつか》いであるひこぼしと結《けっ》こんします。ところが、二人《ふたり》はあまりにも仲《なか》がよくなりすぎて、おたがいの仕事《しごと》をしなくなってしまいました。そんな二人《ふたり》を見《み》ておこった天《てん》の神《かみ》さまは、天《あま》の川《がわ》の向《む》こうがわとこちらがわに、二人《ふたり》を引《ひ》きはなしてしまいました。大好《だいす》きな人《ひと》とはなればなれになった二人《ふたり》は、おたがいを思《おも》って悲《かな》しんでばかりいます。かわいそうに思《おも》った天《てん》の神《かみ》さまは、仕事《しごと》をがんばるかわりに、年《ねん》に一度《ど》だけ会《あ》うことをゆるしてくれました。その日《ひ》が、七夕《たなばた》に当《あ》たるのです。

このお話《はなし》は、今《いま》からおよそ千《せん》三百年前《びゃくねんまえ》の*奈良時代《ならじだい》に、中国《ちゅうごく》から伝《つた》わってきました。そして、日本では、二人《ふたり》の再会《さいかい》を喜《よろこ》び、おりひめのようにはたおりがうまくなったり、ほかのおけいこごとが上達《じょうたつ》し

*奈良時代《ならじだい》…奈良《なら》の平城京《へいじょうきょう》などに都《みやこ》があった710年《ねん》から794年《ねん》までの時代《じだい》。

たりすることを願《ねが》うお祭《まつ》りを行《おこな》うようになったのです。当初《とうしょ》は、七月《がつ》七日《か》の夕方《ゆうがた》をさす「七夕《しちせき》」という名《な》でよばれていました。

それでは、なぜ「たなばた」と読《よ》むようになったのでしょうか。昔《むかし》の日本の七月《がつ》七日《か》は、今《いま》の八月《がつ》の中《なか》ごろでした。このころは、イネの花《はな》がさく大事《だいじ》な時期《じき》です。イネが無事《ぶじ》に育《そだ》って、秋《あき》にはたくさんのお米《こめ》がとれるようにと、「棚機《たなばた》」というはたおり機《き》を使《つか》って衣《ころも》をつくり、神《かみ》さまにささげる儀式《ぎしき》がありました。やがて、この儀《ぎ》式《しき》と「七夕《しちせき》」とがまじり合《あ》い、いつしか「七夕《たなばた》」とよばれるようになったとされています。

たった一日《にち》でもちがいがわかる?
～十五夜《じゅうごや》～

「十五夜《じゅうごや》」と聞《き》いたら、何《なに》を思《おも》いうかべますか。歌《うた》にもなっているので、わかりやすいかもしれませんね。これは「月《つき》」に関係《かんけい》することばです。

「十五夜《じゅうごや》」は、昔《むかし》のこよみの十五

日《にち》の夜《よる》をさして言《い》うことばでした。とくに、八月《がつ》十五日《にち》の夜《よる》の月《つき》のことを「中秋《ちゅうしゅう》の名月《めいげつ》」と言《い》い、満月《まんげつ》をながめながらお酒《さけ》を飲《の》み、詩《し》や歌《うた》をよむ、お月見《つきみ》の会《かい》が開《ひら》かれたそうです。この日《ひ》は、団子《だんご》やいも、くり、まめなどを月《つき》におそなえして、すすきや秋《あき》の草花《くさばな》をかざる習《なら》わしがありました。

今《いま》のこよみでは、「中秋《ちゅうしゅう》の名月《めいげつ》」の日《ひ》は毎年《まいとし》ちがっていて、九月《がつ》の中《なか》ごろから終《お》わりのころとされています。今《いま》でも、すすきやくりなどをおそなえするところもあるようです。

さて、「十五夜《じゅうごや》」がわかったところで、今度《こんど》は「十六夜（いざよい）」です。字《じ》の通《とお》り、十五夜《じゅうごや》の次《つぎ》の日《ひ》の夜《よる》を表《あらわ》しています。この月《つき》のようすから、「いざよう」ということばが生《う》まれました。進《すす》もうとしても、なかなか進《すす》まないことや、ためらうことを表《あらわ》すことばです。なぜ、

「十六夜《いざよい》」の月《つき》から、こんな意味《いみ》のことばができたのでしょうか。

満月《まんげつ》の次《つぎ》の日《ひ》の月《つき》は、空《そら》にのぼる時間《じかん》がややおそくなります。それを見《み》て、「月《つき》がためらっている」と考《かんが》えたところからきているそうです。

昔《むかし》は、今《いま》のように街《まち》の明《あ》かりもなく、夜《よる》は真《ま》っ暗《くら》でしたから、人《ひと》びとは月《つき》のようすについて、今《いま》よりずっとびんかんだったのでしょう。一日《にち》ちがうだけでも、月《つき》の変化《へんか》を感《かん》じとることができたのですね。

十五夜《じゅうごや》の次《つぎ》の夜《よる》は
月《つき》がためらって
のぼってくるのね。
おもしろいなあ。

「トカゲ」や「ウサギ」という名前《なまえ》もある？

～台風《たいふう》～

「台風《たいふう》」とは、おもに八月《がつ》から十月《がつ》にかけて日本の近《ちか》くにやってくる*熱帯低気圧《ねったいていきあつ》のことで、強《つよ》い風雨《ふうう》をともない、大《おお》きなひがいをもたらすこともあります。

今《いま》から千年以上《せんねんいじょう》も前《まえ》、紫式部《むらさきしきぶ》と

*熱帯低気圧《ねったいていきあつ》…熱帯《ねったい》という暑《あつ》いところで生《う》まれた、風《かぜ》がふきこみやすい部分《ぶぶん》。

いう女《おんな》の人《ひと》が書《か》いた『源氏物語《げんじものがたり》』という作品《さくひん》に、「野分（のわき・のわけ）」ということばが登場《とうじょう》します。じつは、これは、台風《たいふう》のことを表《あらわ》していると言《い》われています。そんな昔《むかし》から、日本には台風《たいふう》がきていたのですね。

「台風《たいふう》」ということばが使《つか》われるようになったいきさつについては、昔《むかし》、中国《ちゅうごく》ではげしく強《つよ》い風《かぜ》を大風（タイフーン）と言《い》いました。それがそのまま英語《えいご》の「タイフーン」となって、また中国《ちゅうごく》に伝《つた》わり、これに「颱風《たいふう》」という漢字《かんじ》を当《あ》てました。それが日本に伝《つた》わり、その後《ご》、「颱《たい》」をかんたんにした「台《たい》」を使《つか》うようになったのです。

台風《たいふう》とよく似《に》た熱帯低気圧《ねったいていきあつ》に、「サイクロン」と「ハリケーン」があります。これらの名前《なまえ》がちがうのは、発生《はっせい》する場所《ばしょ》によるためです。サイクロンは、オーストラリア大陸《たいりく》の近《ちか》くやインド洋《よう》のあたり、ハリケーンはカリブ海《かい》やメキシコ湾《わん》のあたりで発生《はっせい》するものを言《い》います。

さて、台風《たいふう》には番号《ばんごう》だけでなく名前《なまえ》があることを知《し》っていますか。日本をふくむ各国《かっこく》の代表《だいひょう》が集《あつ》まる「台風委員会《たいふういいんかい》」によって、二〇〇〇年《ねん》から台風《たいふう》に名前《なまえ》がつけられることになりました。委員会《いいんかい》に参加《さんか》している国《くに》ぐにからもちよられた、全部《ぜんぶ》で百《ひゃく》四十の名前《なまえ》をしるしたリストがあり、そこから順番《じゅんばん》にくり返《かえ》しつけられているのです。

日本からは、星座《せいざ》の名前《なまえ》にちなんだ「テンビン」「ヤギ」「ウサギ」「カジキ」「カンムリ」「クジラ」「コップ」「コンパス」「トカゲ」「ワシ」の十個《こ》が出《だ》されています。天気予報《てんきよほう》で台風《たいふう》のじょうほうが出《で》ていたら、名前《なまえ》をたしかめてみましょう。

「春《はる》」の文字《もじ》があるのに春《はる》のことばではない？

～小春日和《こはるびより》～

「小春日和《こはるびより》」って、どんな日《ひ》のことを言《い》うか、知《し》っていますか。

まずは、どの季節《きせつ》のことばかを考《かんが》えてみましょう。「春《はる》」という漢字《かんじ》が入《はい》っていることから、春《はる》をさすことばだとかんちがいした人《ひと》もいるのではない

でしょうか。

じつは、「小春《こはる》」というのは、昔《むかし》のこよみで十月《がつ》のことを言《い》ったもので、今《いま》の十一月《がつ》のころをさします。つまり、秋《あき》の終《お》わりごろから、冬《ふゆ》のはじめにかけてのことを言《い》うことばなのです。

それでは、「小春日和《こはるびより》」とは、どんな日《ひ》のことでしょう。秋《あき》の終《お》わりから冬《ふゆ》のはじめというと、だんだん寒《さむ》くなってくる時期《じき》ですね。そんなころに、空《そら》が晴《は》れわたり、おだやかでぽかぽかとあたたかく、まるで春《はる》のような天気《てんき》になる日《ひ》があります。このような日《ひ》のことを、「小春日和《こはるびより》」と言《い》うのです。「日和《ひより》」とは、晴《は》れてよいお天気《てんき》という意味《いみ》です。

でも、この時期《じき》には、北《きた》の方《ほう》から冷《つめ》たく強《つよ》い風《かぜ》がふくので、寒《さむ》さを感《かん》じることも多《おお》くなります。この強風《きょうふう》を「こがらし」と言《い》い、木《こ》の葉《は》を落《お》とすことから、漢字《かんじ》では「木《こ》枯《が》らし」と書《か》きます。

冷《つめ》たい風《かぜ》がふいたあとで、急《きゅう》に春《はる》のようにおだやかであたたかい日《ひ》がくると、思《おも》わずほっとしてしまいますが、本格的《ほんかくてき》な冬《ふゆ》を乗《の》りこえなければ、本当《ほんとう》の春《はる》はやってきません。きびしい寒《さむ》さをむかえる前《まえ》の、ちょっとした休息《きゅうそく》日《び》。こんな日《ひ》にもよび名《な》をつけてきた昔《むかし》の人《ひと》びとは、ちょっとした季節《きせつ》の変《へん》化《か》にもびんかんで、大事《だいじ》にしてきたということがわかりますね。

しずくが、とちゅうでこおってできた柱《はしら》?

～氷柱《つらら》～

雪《ゆき》が多《おお》くふる地方《ちほう》（「雪国《ゆきぐに》」とよばれます。）や、冬《ふゆ》の寒《さむ》さがきびしい地方《ちほう》で、よく見《み》られるのが、「つらら」です。屋根《やね》などに積《つ》もった雪《ゆき》が、日中《にっちゅう》のあたたかさでとけはじめると、水《みず》となってしずくがぽたぽたたれてきます。ところが、夜《よる》になるとまた冷《ひ》えこんでくるので、今度《こんど》はその水《みず》が屋根《やね》の下《した》の方《ほう》にたれ下《さ》がったままで、こおってしまうのです。これをくり返《かえ》すことによって、つららはどんど

ん長《なが》くなったり、太《ふと》くなったりします。大《おお》きなつららは、まるで氷《こおり》でできた柱《はしら》のようであることから、漢字《かんじ》で「氷柱《つらら》」と書《か》かれるようになりました。

氷柱《つらら》は、昔《むかし》は「垂氷《たるひ》」とよばれていました。「垂《すい》」は、水《みず》がしたたるようすを表《あらわ》します。水《みず》がぽたぽたとしたたって氷《こおり》になるところから、こうよばれるようになったのですね。

雪国《ゆきぐに》では、雪《ゆき》を表《あらわ》すことばがたくさんあります。冬《ふゆ》の晴《は》れた日《ひ》に、花《はな》びらがまい散《ち》るようにちらほらふる雪《ゆき》を「風花《かざはな》」と言《い》ったり、ときとして大《おお》きなひがいをもたらす大雪《おおゆき》のことを、おそろしい魔物《まもの》にたとえて「白魔《はくま》」と言《い》ったりもします。雪国《ゆきぐに》の人《ひと》びとにとっては、雪《ゆき》は美《うつ》しいものであると同時《どうじ》に、とてもおそろしいものでもあるのですね。

漢字《かんじ》七変化《しちへんげ》⑤

食《た》べ物《もの》のふしぎな名前《なまえ》

いらっしゃいませ。レストラン「ふしぎ」に、ようこそ！

当店《とうてん》は、ちょっとかわった名前《なまえ》の食《た》べ物《もの》について、どうしてそんな名前《なまえ》になったのかをしょうかいしながら、お料理《りょうり》を食《た》べていただくレストランです。

さて、まずは何《なに》をご注文《ちゅうもん》ですか。「江戸前《えどまえ》ずし」ですね。かしこまりました。

江戸《えど》（今《いま》の東京《とうきょう》）の前《まえ》に広《ひろ》がる海《うみ》、つまり、今《いま》の東京湾《とうきょうわん》でとれた新鮮《しんせん》な魚《さかな》のことを、「江戸前《えどまえ》」と言《い》います。今《いま》から百《ひゃく》九十年《ねん》近《ちか》く前《まえ》に、華屋与兵衛《はなやよへえ》という人《ひと》が、この江戸前《えどまえ》の魚《さかな》を使《つか》ってにぎりずしをつくったのが、江戸前《えどまえ》ずしのはじまりと言《い》われています。

「すし」は、「すっぱい」という意《い》味《み》の「酢《す》し」からできたことばです。はじめは「鮓《す》」という字《じ》が使《つか》われていましたが、やがて「鮨《すし》」を使《つか》うようになりました。ほかにも「寿司《すし》」と書《か》くことがあります。みなさんは、こちらのほうが見《み》なれているかもしれませんね。これは、すし本来《ほんらい》の意《い》味《み》に関係《かんけい》なく縁起《えんぎ》がよい漢字《かんじ》を用《もち》いた当《あ》て字《じ》です。

さあ、どんどんご注文《ちゅうもん》ください。「納豆巻《なっとうま》き」はいかがでしょう。「納豆《なっとう》」は、大豆《だいず》をにるなどしてやわらかくしたものに、菌《きん》を加《くわ》えてはっこうさせたものです。歴史《れきし》は古《ふる》く、奈良時代《ならじだい》に中国《ちゅうごく》から伝《つた》わってきました。おぼうさんが、お寺《てら》の中《なか》にある「納（なつ）所（しょ）」とよばれるところでつくっていたことから、「納豆《なっとう》」とよばれるようになったのです。

お次《つぎ》は「豆腐《とうふ》」の入《はい》ったおみそしるですね。これも、納豆《なっとう》と同《おな》じく、中国《ちゅうごく》から伝《つた》わってきた、大豆《だいず》を原料《げんりょう》とする食《た》べ物《もの》です。「豆腐《とうふ》」といえば、まさに和食《わしょく》の代表《だいひょう》のような気《き》がしますが、じつはこの名《な》前《まえ》は中国語《ちゅうごくご》からそのままもってきたことばなのです。ですから、中《ちゅう》国《ごく》で「トーフ」と言《い》えば、すぐに通《つう》じますよ。

さあ、お次《つぎ》は何《なに》にしましょう。「風呂吹《ふろふ》き大根《だいこん》」ですね。ぶあつく輪切《わぎ》りにした大根《だいこん》やかぶを、やわらかくなるまでにて、熱《あつ》いうちにみそだれをつけて食《た》べる料理《りょうり》です。

昔《むかし》はお風呂《ふろ》といえば、今《いま》のようにお湯《ゆ》につかるものではなく、むし風呂《ぶろ》のことでした。むし風呂《ぶろ》から出《で》てきた人《ひと》の熱《あつ》くなった体《からだ》にふうふうと息《いき》をかけながら、体《からだ》のあかをこすり落《お》としてくれる「風呂吹《ふろふ》き」とよばれる人《ひと》がいたのです。熱《あつ》い大根《だいこん》をふうふうふきながら食《た》べるようすが、その「風呂吹《ふろふ》き」のすがたに似《に》ていたため、こうよばれ

るようになったのです。

えっ、最後《さいご》におすすめの料理《りょうり》ですか。それでは、「竜田揚《たつたあ》げ」なんてどうでしょう。

「竜田揚《たつたあ》げ」は、味《あじ》つけした肉《にく》や魚《さかな》にかたくり粉《こ》をまぶして、油《あぶら》で揚《あ》げたものです。「竜田《たつた》」とは、*平安時代《へいあんじだい》に在原業平《ありわらのなりひら》という人《ひと》がよんだ和歌《わか》に出《で》てきた「竜田川《たつたがわ》」からとったものです。この川《かわ》は、紅葉《こうよう》がきれいなところとしてよく知《し》られていました。油《あぶら》で揚《あ》げた肉《にく》や魚《さかな》の、身《み》のところが赤《あか》く、かたくり粉《こ》をつけたところが白《しろ》くなることが、紅葉《もみじ》が流《なが》れていく竜田川《たつたがわ》を思《おも》い出《だ》させるというわけで、「竜田揚《たつたあ》げ」とよばれるようになったのです。

これで、おなかはいっぱいになりましたか。またのご来店《らいてん》をお待《ま》ちしております。


*平安時代《へいあんじだい》…今《いま》からおよそ1200年前《ねんまえ》の794年《ねん》から1185年《ねん》までの時代《じだい》。

ことばの由来《ゆらい》⑤

二枚目《にまいめ》

家族《かぞく》でテレビドラマを見《み》ていました。主人公《しゅじんこう》の俳優《はいゆう》さんのアップを見《み》て、お母《かあ》さんが、

「あら、この人《ひと》、二枚目《にまいめ》ねぇ。」

と言《い》いました。どういう意味《いみ》だかわかりますか。

「二枚目《にまいめ》」とは、顔立《かおだ》ちの整《ととの》ったハンサムな男《おとこ》の人《ひと》に対《たい》して言《い》うことばです。若者《わかもの》ことばでいう「イケメン」のことですね。

どうして、ハンサムな男《おとこ》の人《ひと》（美男子《びなんし》）

のことを「二枚目《にまいめ》」と言《い》うのでしょう。

じつは、「二枚目《にまいめ》」は、*江戸時代《えどじだい》のかぶきから出《で》てきたことばです。当時《とうじ》、かぶきは、小屋《こや》とよばれる小《ちい》さな劇場《げきじょう》で上演《じょうえん》されていました。この小《こ》屋《や》の前《まえ》に、出演《しゅつえん》する役者《やくしゃ》の名前《なまえ》を書《か》いた看板《かんばん》がかざられていたのです。看板《かんばん》は全部《ぜんぶ》で八枚《はちまい》あり、二枚目《にまいめ》の看板《かんばん》に主役《しゅやく》の美男子《びなんし》の名前《なまえ》が書《か》かれることになっていました。そこから、美男子《びなんし》を二枚目《にまいめ》とよぶようになったのです。

ちなみに、「三枚目《さんまいめ》」ということばも、この看板《かんばん》からきています。三枚目《さんまいめ》の看板《かんばん》には、こっけいなしぐさやせりふで、お客《きゃく》さんを笑《わら》わせる役《やく》を演《えん》じる役者《やくしゃ》の名前《なまえ》が書《か》かれることがありました。そこから、おもしろいことを言《い》ったり、したりする人《ひと》のことを三枚目《さんまいめ》と言《い》うようになったのです。


*江戸時代《えどじだい》…今《いま》からおよそ400年前《ねんまえ》の1603年《ねん》から1867年《ねん》までの時代《じだい》。

知《ち》恵《え》をさずかる四《よ》字《じ》熟《じゅく》語《ご》

命《いのち》をかけてがんばること？
～一生懸命《いっしょうけんめい》～

日記《にっき》に、次《つぎ》のように書《か》きました。

「明日《あした》は運動会《うんどうかい》です。一生懸命《いっしょうけんめい》がんばりたいと思《おも》います。」

さて、運動会《うんどうかい》の当日《とうじつ》。それなりにがんばったつもりですが、

結果《けっか》は三位《い》。ざんねんながら、一位《い》をとることはできませんでした。

「三位《い》だって入賞《にゅうしょう》だし、まあ、いいか。」

と、つぶやいたきみを、ものすごくこわい顔《かお》でにらんでいる人《ひと》がいます。

「おぬしは、本当《ほんとう》に命《いのち》をかけてがんばったのか。」

と、どなられました。この人《ひと》は、鎌倉時代《かまくらじだい》[*1]からタイムスリップしてきた武士《ぶし》だそうです。言《い》いたいことがあるようなので、ちょっと続《つづ》きの話《はなし》を聞《き》いてみましょう。

「『一生懸命《いっしょうけんめい》』というのは、古《ふる》くは『一所懸命《いっしょけんめい》』と書《か》かれていたのだ。これは、もともと、鎌倉時代《かまくらじだい》や室町時代《むろまちじだい》[*2]の武士《ぶし》たちが、一族《いちぞく》が生《い》きていくために欠《か》かせない大事《だいじ》な土地《とち》を、命《いのち》がけで守《まも》ったことからできたことばなんだ。今《いま》では、何《なに》かにしんけんに打《う》ちこむこと

*1 鎌倉時代《かまくらじだい》…今《いま》からおよそ830年前《ねんまえ》の1185年《ねん》から1333年《ねん》までの時代《じだい》。
*2 室町時代《むろまちじだい》…今《いま》からおよそ680年前《ねんまえ》の1336年《ねん》から1573年《ねん》までの時代《じだい》。

を言《い》うようになったが、きみたちはこのことばを、日記《にっき》や作文《さくぶん》にしょっちゅう使《つか》っているだろう。本当《ほんとう》にしんけんに打《う》ちこむつもりで、使《つか》っているのか。」

たしかに、「一生懸命《いっしょうけんめい》がんばります」は、作文《さくぶん》や日記《にっき》のしめのことばとして、よく使《つか》われる表現《ひょうげん》ですね。決《き》まり文句《もんく》のように使《つか》っていて、じっさいはそこまでがんばっていないという人《ひと》もいるかもしれません。こう書《か》くからには、命《いのち》がけとまではいかなくても、昔《むかし》の武士《ぶし》たちにはずかしくないよう、最後《さいご》までしんけんに取《と》り組《く》んでみましょう。

いちばんの敵《てき》は自分《じぶん》かもしれない？

～油断大敵《ゆだんたいてき》～

うさぎとかめの話《はなし》を思《おも》い出《だ》してください。うさぎのほうが、かめよりもずいぶん足《あし》が速《はや》いのに、勝《か》ったのはかめだったのはなぜでしょうか。そう、うさぎが油断《ゆだん》をしたからです。かめな

んかに負《ま》けるわけがないと油断《ゆだん》して、とちゅうで昼《ひる》ねをしたために、かめに追《お》いこされてしまったのでしたね。

「油断大敵《ゆだんたいてき》」とは、油断《ゆだん》は大《おお》きな失敗《しっぱい》につながることがあるから、いちばん大《おお》きな敵《てき》として気《き》をつけるべきだという意味《いみ》です。きっと、うさぎはこのことばを知《し》らなかったのでしょう。

さて、「油断《ゆだん》」とは、注意《ちゅうい》をおこたることを言《い》います。もともとは仏教《ぶっきょう》のことばで、仏《ほとけ》さまにそなえる明《あ》かりに使《つか》う油《あぶら》がなくなったことに気《き》づかず、火《ひ》をたやしてしまう（消《け》してしまう）ことを言《い》いました。そこから、気《き》をゆるして注意《ちゅうい》をおこたるという意味《いみ》をもつようになったのです。

「油断《ゆだん》」を使《つか》った言《い》い方《かた》に、「油断《ゆだん》もすきもない」というものがあります。ちょっとでも気《き》をゆるすと相手《あいて》につけこまれるから、少《すこ》しも気《き》をぬけないという意味《いみ》です。

「ちょっと目《め》をはなすと、すぐつまみ食《ぐ》いをするんだから。まったく、油断《ゆだん》もすきもない。」なんて、言《い》われたことはありませんか。

とにかく、大《おお》きな失敗《しっぱい》をふせぐためには、自分《じぶん》にも相手《あいて》にも「油《ゆ》断《だん》は禁物《きんもつ》」ということなのですね。

全部《ぜんぶ》まとめて八つの苦《くる》しみ?
～四苦八苦《しくはっく》～

今日《きょう》の宿題《しゅくだい》は量《りょう》が多《おお》いうえに、むずかしい問題《もんだい》ばかり。たいへん苦《くる》しい思《おも》いをしています。こういうとき、「むずかしい問題《もんだい》に四苦《しく》八苦《はっく》する」と言《い》います。

この「四苦八苦《しくはっく》」という四字熟語《よじじゅくご》は、とてもつらいことや、たいへん苦《くる》しいことを言《い》うときに使《つか》います。いったい、どのようにしてできたことばなのでしょうか。

「四苦八苦《しくはっく》」は、仏教《ぶっきょう》の「四苦《しく》」と「八苦《はっく》」ということばからできたものです。仏教《ぶっきょう》では、この世《よ》にはあらゆる苦《くる》しみがあると考《かんが》えられていて、「四苦《しく》」は、「生《しょう》」「老《ろう》」「病《びょう》」「死《し》」という四つの苦《くる》しみを表《あらわ》しています。

「八苦《はっく》」というのは、この「四苦《しく》」に、次《つぎ》の四つの苦《くる》しみを加《くわ》えたものを言《い》います。

愛《あい》するものと別《わか》れなくてはならない苦《くる》しみ（愛別離苦《あいべつりく》）、にくらしく思《おも》うものと出会《であ》ってしまう苦《くる》しみ（怨憎会苦《おんぞうえく》）、自分《じぶん》が求《もと》めるものを手《て》に入《い》れられない苦《くる》しみ（求不得苦《ぐふとくく》）、心《こころ》や体《からだ》の苦《くる》しみ（五《ご》陰盛苦《おんじょうく》）です。

こうして見《み》てくると、四苦八苦《しくはっく》とは、そうとう苦《くる》しいことを表《あらわ》しているのがわかりますね。これらの苦《くる》しみがいっぺんにやってくるのとくらべたら、むずかしい宿題《しゅくだい》もがんばれそうな気《き》がしてきませんか。早目《はやめ》に終《お》わらせて、あとは「苦《く》」のない時間《じかん》をすごしましょう。

競争《きょうそう》し合《あ》うことは、宝石《ほうせき》よりも美《うつく》しい？

～切磋琢磨《せっさたくま》～

ちょっとむずかしい漢字《かんじ》がならんでいますが、「切磋琢磨《せっさたくま》」という四字熟語《よじじゅくご》は、次《つぎ》のように使《つか》います。

「親友《しんゆう》と切磋琢磨《せっさたくま》して、おたがい代表選手《だいひょうせんしゅ》に選《えら》ばれた。」

どんな意味《いみ》か、想像《そうぞう》がつきますか。

「切磋琢磨《せっさたくま》」とは、もともと、さまざまな原料《げんりょう》を加工《かこう》して、宝石《ほうせき》のような美《うつく》しいものにすることを表《あらわ》していました。

「切磋《せっさ》」は、ほねや角《つの》を切《き》って、やすりなどでみがくこと。「琢磨《たくま》」は、玉《たま》や石《いし》をけずってみがきあげることを言《い》いました。つまり、どちらも、もとからあるものに手《て》を加《くわ》え、美《うつく》しくみがきあげることを表《あらわ》すことばなのです。

そこから、生《う》まれもった才能《さいのう》がある人《ひと》が、修行《しゅぎょう》を積《つ》んで、りっぱな人《ひと》になることを表《あらわ》すようになりましたが、今《いま》では、仲間《なかま》どうしで競争《きょうそう》し合《あ》ったり、はげまし合《あ》ったりしながら、勉強《べんきょう》やスポーツでおたがいに活《かつ》やくするという意味《いみ》を表《あらわ》しています。

おたがいの実力《じつりょく》をみとめ合《あ》い、競争《きょうそう》し合《あ》えるようなそんざいを、好敵手《こうてきしゅ》と言《い》います。ライバルのことですね。親友《しんゆう》であり、いちばんのライバルでもあるなんていう関《かん》係《けい》は、とてもすばらしいものです。きっと、どんな宝石《ほうせき》にもかえられないほど、かがやいていることでしょう。

大《おお》きな器《うつわ》をつくるのは時間《じかん》がかかる？
～大器晩成《たいきばんせい》～

紙《かみ》ねんどで、湯《ゆ》のみをつくりました。そんなに時間《じかん》をかけなくてもできるはずです。それでは、教室《きょうしつ》いっぱいの大《おお》きさの、巨大《きょだい》なおさらをつくるとしたら、どうでしょうか。これには、材料《ざいりょう》も時間《じかん》も

たっぷりとかけなくては、完成《かんせい》させることができないでしょう。

大《おお》きくてりっぱな器《うつわ》をつくるには、それだけ時間《じかん》がかかります。こんなことがもとになってできたのが、「大器晩成《たいきばんせい》」という四字熟語《よじじゅくご》です。

「すぐれた人《ひと》は、その力《ちから》があらわれるようになるまでに、多《おお》くの年月《ねんげつ》を必要《ひつよう》とする」という意味《いみ》をもっています。

たとえば、芸術家《げいじゅつか》で「大器晩成《たいきばんせい》」というと、年《とし》をとってから名作《めいさく》を多数生《たすうう》み出《だ》した人《ひと》や、ずっとその道《みち》に打《う》ちこんでいて、何十年《なんねん》もたってからやっと世《よ》の中《なか》にみとめられた人《ひと》などをさします。

今《いま》は、小学生《しょうがくせい》のうちに歌手《かしゅ》やアイドルとしてデビューしたり、十代《だい》のうちに作家《さっか》として大《おお》きな賞《しょう》をとったりするなど、若《わか》いときから活《かつ》やくしている人《ひと》がたくさんいる時代《じだい》です。

「わたしには、そういう特別《とくべつ》な力《ちから》はないなあ。」と思《おも》っている人《ひと》もいることでしょう。でも、自分《じぶん》が好《す》きなこと、あこがれていることには、たとえすぐに結果《けっか》が出《で》なくても、ずっとちょう戦《せん》し続《つづ》けてみてはどうでしょうか。

もしかしたら、あなたは、大人《おとな》になってからまわりをあっとおどろかせるような力《ちから》を発揮《はっき》する、「大器晩成《たいきばんせい》タイプ」なのかもしれません。今《いま》からあきらめてしまったら、もったいないですよ。

漢字《かんじ》七変化《しちへんげ》⑥

書《か》きあやまりやすい四字熟語《よじじゅくご》

あなたは今《いま》、漢字《かんじ》をめぐる冒険《ぼうけん》の旅《たび》に出《で》ています。

うす暗《ぐら》い森《もり》の中《なか》を歩《ある》いていると、とつぜん目《め》の前《まえ》に敵《てき》が現《あらわ》れました。牛《うし》のような角《つの》をもち、ぞうのように大《おお》きな体《からだ》をしたかいぶつが、今《いま》にもあなたに飛《と》びかかろうとしています。後《うし》ろへしりぞこうにも、そこは切《き》りたったがけのようになっていて、これ以上一歩《いじょういっぽ》も

下《さ》がれません。まさに「絶体絶命《ぜったいぜつめい》」の大《だい》ピンチです。

「絶体絶命《ぜったいぜつめい》」とは、前《まえ》に進《すす》むことも、後《うし》ろにしりぞくこともできず、どこにもにげられないじょうたいを表《あらわ》す四字熟語《よじじゅくご》です。これを漢字《かんじ》で書《か》くとき、「絶対絶命」とまちがえる人《ひと》がたくさんいます。

「絶体《ぜったい》」とは、体《からだ》がきけんなじょうたいになること、「絶命《ぜつめい》」とは、身《み》命《いのち》をおとすことをさします。つまり、「絶体絶命《ぜったいぜつめい》」というのは、身《み》にきけんがせまり、命《いのち》をおとしてしまいかねないようなようすを表《あらわ》すことばなのです。

「絶体絶命《ぜったいぜつめい》」の大《だい》ピンチは、何《なん》とかして切《き》りぬけられる場合《ばあい》もあります。しかし、「絶対絶命」だと、「絶対《ぜったい》」に「絶命《ぜつめい》（命《いのち》をおとす）」してしまうとなり、切《き》りぬけられないことになってしまいますね。

ですから、希望《きぼう》をもって、「絶体絶命《ぜったいぜつめい》」と覚《おぼ》えておきましょう。

こうしてあなたは、勇者《ゆうしゃ》のあかしである筆《ふで》を使《つか》って、空中《くうちゅう》に「絶体絶命《ぜったいぜつめい》」と正《ただ》しく書《か》きました。すると、その字《じ》の一《ひと》つひとつが大《おお》きな岩《いわ》となり、かいぶつめがけて真上《まうえ》からふりそそぎました。かいぶつは大《おお》きなおたけびをあげ、やがてけむりのように消《き》えうせてしまいました。まさに「危機一髪《ききいっぱつ》」というところで、最大《さいだい》のピンチを乗《の》りこえることができたのです。

「危機一髪《ききいっぱつ》」も、あとわずかというところまで、非常《ひじょう》にきけんなじょうたい

がせまっていることを表《あらわ》す四字熟語《よじじゅくご》です。これも、「危機一発」とまちがえて書《か》く人《ひと》が多《おお》い漢字《かんじ》です。

「危機一髪《ききいっぱつ》」とは、髪《かみ》の毛《け》一本分《いっぽんぶん》ほどの近《ちか》さまできけんがせまっていることを表《あらわ》すことばなので、「一髪《いっぱつ》」でなくてはいけないのです。こう覚《おぼ》えておけば、もうまちがえることはありませんね。

あなたが空中《くうちゅう》に「危機一髪《ききいっぱつ》」を正《ただ》しく書《か》き終《お》えると、何《なに》もなかったはずのところに、大《おお》きなとびらが現《あらわ》れました。そう、ついに、このステージをクリアしたのです。

さあ、とびらを開《あ》けて、新《あたら》しいステージへと旅立《たびだ》っていきましょう。

ことばの由来《ゆらい》⑥

内《うち》弁慶《べんけい》・弁慶《べんけい》の泣《な》き所《どころ》

わたしがテレビゲームをやろうとしたら、お兄《にい》ちゃんが、

「ぼくが先《さき》！」

と言《い》って、コントローラーをうばいました。おやつを食《た》べようとしたときも、

「お兄《にい》ちゃんはえらいんだぞ！」

と言《い》って、いちばん大《おお》きなドーナツをもっていきました。

そんなお兄《にい》ちゃんですが、一歩《いっぽ》家《いえ》の外《そと》に出《で》ると、急《きゅう》におとなしくなります。近《きん》

所《じょ》の人《ひと》に会《あ》っても、顔《かお》を真《ま》っ赤《か》にして、小《ちい》さな声《こえ》でごにょごにょとあいさつをするのがやっとです。

こんな人《ひと》に会《あ》ったことはありませんか。もしかして、あなたがそうだったりして……。こんなふうに、家《いえ》の中《なか》では強《つよ》くていばっているのに、家《いえ》の外《そと》ではおとなしくなる人《ひと》のことを「内弁慶《うちべんけい》」と言《い》います。

「内《うち》」は、家《いえ》の中《なか》のことを言《い》いますね。「弁慶《べんけい》」とは、武蔵坊弁慶《むさしぼうべんけい》という人《ひと》の名《な》前《まえ》です。弁慶《べんけい》は、京都《きょうと》の五条大橋《ごじょうおおはし》というところで源義経《みなもとのよしつね》（牛若丸《うしわかまる》）との勝負《しょうぶ》に負《ま》けてからは、義経《よしつね》の家臣《かしん》となりましたが、もともととても強《つよ》い人《ひと》でした。

そのため、「強《つよ》い人《ひと》」という意味《いみ》を表《あらわ》すときに「弁慶《べんけい》」が使《つか》われるようになったのです。つまり、「内弁慶《うちべんけい》」とは、「家《いえ》の中《なか》だけで強《つよ》い人《ひと》」という意味《いみ》なのですね。

ほかにも、「弁慶《べんけい》」の名前《なまえ》を使《つか》ったことばに、「弁慶《べんけい》の泣《な》き所《どころ》」というのがあります。これは、向《む》こうずねをさすことばで、ここをうったり、けられたりしたら、弁慶《べんけい》ほどの強《つよ》い人《ひと》でも泣《な》いてしまうほどいたいということから、こうよばれるようになったのです。

監修のことば

これであなたも漢字博士!

汐見稔幸

以前は中国、日本だけでなく、隣の韓国でも、南のベトナムでも漢字を使っていました。韓国で「ありがとう」は「カムサハムニダ」と言いますが、この「カムサ」は「感謝(カムサ)」という漢字表記の韓国読みです。「アンニョンハシムニカ」の「アンニョン」は「安寧」です。ベトナムの首都ハノイは漢字では「河内(ハノイ)」と書きました。河内のベトナム読みがハノイなのです。ベトナムの地名などにはたくさん漢字文化の面影が今でも残っています。

東アジアは台湾を含め、基本的に漢字文化圏だったのです。しかし、韓国は漢字をやめ、ハングルだけで表記するようになりましたし、ベトナムはアルファベットだけで表記するようにだいぶ前に変わりました。

いろいろ考えはあるでしょうが、少し残念な気がしないでもありません。なぜかと言いますと、漢字には、その言葉をどう表記したらよいかということをめぐる先人の知恵と努力がそのまま閉じ込められていて、言葉を書いたり読んだりしながら、その知恵と努力、そしてもともとの意味を感じとることができるからです。漢字は、単なる記号ではなくて、人々の知恵や努力、つまり文化を感じとることができる象徴なのです。

最近、漢字検定がはやるなど、漢字をめぐるさまざまな知識をもっと知りたいという人が増えているのは、その意味でたいへんいいことだと思います。文字がなければ私たちの文化、文明はあり得ないわけで、その文字のことをもっと知りたいということは文化の根底への関心が高くなってきていると受け止めることができるからです。

本書はそう考えると、漢字博士への導入書ということができます。おそらく、本書の中には、お父さん、お母さん方も、へーぇそうだったのかということがたくさん書かれているはずです。あるいは、知らなかった！　間違って書いていた！　などということも見つかるでしょう。

そのようにして、漢字を通じて自分たちの文化を見つめ直すことができれば、これを機に、自分たちの文化や歴史全体をもっと見つめ直そう、もっと大事にしようという気持ちも湧いてくるのではないでしょうか。

本書は項目によっては少し難しいかもしれません。おうちの方が一緒に読んで理解を助けてあげるといいと思います。そして、どちらがきちんと覚えられたか、ぜひお子さんと競争してみてほしいと思います。

汐見稔幸
白梅学園大学学長　東京大学名誉教授。
専門は教育学、育児学、保育学。人間学的な視点から、保育や育児の意味とあり方を探求している。最近の著書に『子どもの自尊感と家族』（金子書房）『子どもが育つお母さんの言葉がけ』（ＰＨＰ研究所）など多数。

監　修　白梅学園大学学長　汐見稔幸

文　高橋みか
表紙絵　たかいよしかず
本文絵　いとうみき　幸池重季　柴田亜樹子　鳥飼規世　nachicco　にいじまみわ
藤本 昇　牧野タカシ　安田道章
装丁・本文デザイン　有限会社 木村図芸社（香川旭洋）

おもな参考資料　大漢和辞典　大漢語林　新漢語林（大修館書店）
学研新漢和大字典　新レインボー小学漢字辞典　四字熟語辞典（学研）
漢字なりたち辞典（教育社）　漢字んな話（三省堂）
白川静さんに学ぶ 漢字は楽しい（共同通信社）
新明解故事ことわざ辞典（三省堂）　衣食住語源辞典（東京堂出版）
日本語源大辞典　身近なことばの語源辞典（小学館）
書けそうで書けない漢字 2000　読めそうで読めない漢字 2000（講談社）

知って びっくり！ 漢字はじまり物語

2011 年 5 月 16 日　第1刷発行

発行人　真当哲博
編集人　松原史典
企画編集　小泉隆義　斎藤元晴
編集協力　株式会社 あいげん社

発行所　株式会社 学研教育出版
〒 141-8413　東京都品川区西五反田 2-11-8
発売元　株式会社 学研マーケティング
〒 141-8415　東京都品川区西五反田 2-11-8
印刷所　三晃印刷株式会社

この本に関する各種お問い合わせ先
【電話の場合】
●編集内容については　Tel 03-6431-1617（編集部直通）
●在庫、不良品（落丁、乱丁）については　Tel 03-6431-1197（販売部直通）
●学研商品に関するお問い合わせは　Tel 03-6431-1002（学研お客様センター）
【文書の場合】
〒 141-8418 東京都品川区西五反田 2-11-8　学研お客様センター『漢字はじまり物語』係

【お客様の個人情報取り扱いについて】
アンケートはがきにご記入いただいてお預かりした個人情報に関するお問い合わせは、株式会社学研教育出版
幼児・児童書出版事業部　絵本・児童書編集室（電話 03-6431-1617）までお願いいたします。
当社の個人情報保護については、当社ホームページ　http://gakken-ep.co.jp/privacypolicy/ をご覧ください。

ISBN 978-4-05-203417-6　（NDC 811　184 P　21.0cm × 14.8cm）